오늘도 교실에서
아이의 마음을 읽었습니다

오늘도 교실에서
아이의 마음을 읽었습니다

불안한 부모를 다독이는 초등 교사의 따뜻한 조언

초 판 1쇄 2026년 04월 21일

지은이 하민경
펴낸이 류종렬

펴낸곳 미다스북스
본부장 임종익
홍보국 김가영
편집장 이예나, 안채원, 김은진
디자인 임인영, 윤가희, 윤영빈
책임진행 국소리, 송가희

등록 2001년 3월 21일 제2001-000040호
주소 서울시 마포구 양화로 133 서교타워 711호, 808호
전화 02) 322-7802~3
팩스 02) 6007-1845
블로그 http://blog.naver.com/midasbooks
전자주소 midasbooks@hanmail.net
페이스북 https://www.facebook.com/midasbooks425
인스타그램 https://www.instagram.com/midasbooks

© 하민경, 미다스북스 2026, *Printed in Korea*.

ISBN 979-11-7355-875-7 03370

값 18,500원

미다스북스는 다음세대에게 필요한 지혜와 교양을 생각합니다.

오늘도 교실에서

아이의
마음을
읽었습니다

불안한 부모를 다독이는
초등 교사의 따뜻한 조언

하민경 지음

미다스북스

초등학교의 아침은 8시 30분 전후로 시작됩니다. 저는 아이들보다 조금 일찍 하루를 엽니다. 달그락 자물쇠 소리와 함께 교실로 들어가 창문을 열어 환기하고 자리를 정돈하지요. 햇살이 들어오는 교실에 앉아 아이들을 맞이할 따뜻한 피아노 음악을 켜두고 기도하며 하루를 시작합니다.

"오늘도 이 교실에서 아이들이 사랑하고 존중하는 방법을 배우게 해 주세요. 아이들의 마음을 읽을 수 있는 지혜를, 그들을 도울 수 있는 사랑과 능력을 허락해주세요."

학급에는 조용한 아이도, 말하기를 좋아하는 아이도, 자기주장이 명확한 아이도, 경청을 잘하는 아이도 있습니다. 다양한 종류의 꽃이 피어 있는 정원에 있는 것만 같습니다. 식물마다 기르는 방법과 잘 자라는 환경이 다르듯이 아이들을 대할 때도 서로 다른 방법들이 필요하곤 합니다. 그러나 모두 달라도 한가지 공통점이 있습니다. 아직 '자라나고 있는' 존재라는 것이지요. 단 한 아이도 빠짐없이 말입니다.

'우리 아이가 잘 자라고 있을까?'

자녀를 둔 부모님이라면 누구나 한 번쯤 해 본 질문일 것입니다. 특히 아이가 본격적으로 사회생활을 시작하는 초등학교 시기가 되면 더욱 그렇습니다. 생활 습관이나 공부 습관에서 도와줄 것은 없을지, 친구 관계는 어떻게 도와주면 좋을지 고민이 되지요. 이 책은 그런 부모님의 질문에 대해 아이의 성장을 함께 고민하는 교사로서 위로와 공감, 그리고 조언의 말을 담았습니다.

자라나는 아이에게 가장 큰 영향력을 미치는 존재는 단연 가정과 부모님입니다. 교육의 전문가는 교사인 것처럼 아이를 가장 잘 아는 아이의 전문가는 바로 부모님이시지요. 아프리카 속담에 "한 아이를 키우려면 온 마을이 필요하다."는 말이 있습니다. 아이가 바르게 성장할 수 있도록 가정과 학교 그리고 사회가 협력해야 한다는 의미입니다. 저는 이 말의 진정한 의미를 학교 현장에서 배우고 느꼈습니다. 가정과 학교(교사)가 마음을 열고 소통하며 지역사회를 통해 도움을 받았을 때 아이는 예상을 뛰어넘는 변화와 성장을 보였습니다. 아이들의 변화를 목격하고 나니 가정과 학교의 협력은 선택이 아닌 필수임을 느끼게 된 셈입니다.

교육과정 총론에서는 초등학교 생활의 목표를 건강한 생활 습관 형성, 긍정적인 자아 인식, 인성 함양 그리고 기초 학습 능력 함양으로 명시합니다. 앞으로의 학생 성장에 기본이 되기 때문입니다. 이 책은 이러한 목표를 바탕으로 기본 생활 습관, 도덕적 가치, 기본 학습 습관, 관계 기술 그리고 정서적 지원이라는 다섯 가지 주제를 각 장에서 다루고 있습니다. 책과 함께하는 여정을 통해 우리 아이의 성장 지도를 그리며 따뜻한 위로와 공감을 누리는 시간이 되시기를 진심으로 바랍니다.

1부

매일의 습관으로
아이의 하루를
단단하게 만들어요

오늘의 습관이 만드는 내일

처음에는 우리가 습관을 만들지만,

나중에는 습관이 우리를 만든다.

- 존 듀이

운명은 그 사람의 성격에서 만들어진다.

그리고 성격은 그 사람의 일상생활의 습관에서 만들어진다.

그렇기 때문에 오늘 하루 좋은 행동의 씨를 뿌려서

좋은 습관을 거두어들이도록 하지 않으면 안된다.

좋은 습관으로 성격을 다스린다면

그때부터 운명은 새로운 문을 열 것이다.

- 토마스 데커

두 격언은 모두 습관이 우리의 삶을, 그리고 나아가 미래를 만들어 감을 이야기합니다. 우리나라 속담에도 '세 살 버릇이 여든까지 간다.'는 말이 있습니다. 어린 시절의 습관이 매우 중요함을 강조하고 있지요. 천천히 돌아보면 우리의 하루도 습관으로 가득 차 있습니다.

교실에서 아이들과 살아가다 보면 좋은 습관을 지닌 아이들을 발견하곤 합니다. 3학년 때 만난 승민이가 그랬습니다.

승민이는 아침에 교실 문을 열고 들어오며 제게 "안녕하세요." 하고 인사를 합니다. 인사를 한 후에는 자연스럽게 칠판 앞에 붙어 있는 시간표를 확인합니다. 그 후 사물함에 가서 교과서를 미리 준비하고 책상 서랍에 정리해 둡니다. 그러고는 책을 펴서 읽기 시작합니다. 쉬는 시간에도 마찬가지입니다. 쉬는 시간을 마치면 말하지 않아도 교과서를 꺼내 책상 위에 올려두고 기다립니다. 틈틈이 배움 공책에 배운 내용을 기록하고 공책을 쓰지 않을 때는 서랍 속에 다시 넣습니다. 수업 시간에도 제가 설명할 때는 절대 끼어들지 않습니다. 질문이 생기면 손을 들고 묻습니다.

이쯤 들으면 이 아이는 원래 차분하고 꼼꼼한가 보다는 생각이 드시지요? 저도 그랬습니다. 처음에는 '앉아 있기를 좋아하는 바른 생활 아이'라고만 생각했지요. 그런데 시간을 두고 지켜보니 그가 좋은 습관들을 유지하기 위해 얼마나 노력하고 있는지 알게 되었습니다. 승민이는 독서보다는 뛰어다니며 놀이하고 친구들과 대화하는 것을 좋아하는 아이였습니다. 그저 제가 안내한 수업 준비 과정과 쉬는 시간 약속을 지키기 위해 매일 매 순간 선택한 것이었지요. 어른을 보면 인사하는 습관, 매일 배움 공책을 쓰는 습관, 아침에 책을 읽는 습관, 수업을 미리 준비하는 습관, 말 차례를 지키는 습관… 승민이는 학년을 시작할 때보다 시간이 흐를수록 배운 내용의 핵심을 파악해 공책을 정리할 수 있게 되었습니다. 맞춤법도 거의 틀리지 않게 되었고 읽는 책의 두께도 두꺼워졌습니다. 학습 외에 드러나지 않은 습관들의 결과까지 더해지면 나중에 승민이의 삶이 어떻게 변할지 너무도 기대되고 궁금합니다.

이런 습관들은 학교에서의 연습만으로 만들어지기 어렵습니다. 가정에서 부모님과 계속해서 연습하며 체득된 결과이지요. 이 장에서는 기본 생활 습관을 익히기 위해 가정에서 함께 연습하면 좋을 주제들을 이야기하고자 합니다.

§ | §

말 차례를 지켜요

우리 반에는 학기 초에 아이들과 함께 세운 약속이 있습니다. 학교생활 전반에 걸쳐 우리 반이 어떤 모습이면 좋겠는지 나눕니다. 그리고 우리 반이 그런 모습이 되기 위해 어떤 행동과 규칙이 필요한지 아이들과 토의하며 정하지요. 그러나 배움이 있는 학교생활을 위해 제가 교사로서 아이들에게 안내하는 기본적인 규칙도 있습니다.

아침 시간은 도서관 분위기로 만들어 책을 읽는다.
수업 시간에는 말 차례를 지킨다.
쉬는 시간에 교실에서는 앉아서 놀이한다.
점심시간에는 골고루 먹기 위해 노력한다.
복도나 화장실은 목적에 알맞게 사용한다.

이 규칙들은 어느 해에 어느 학년을 맡아도 아이들에게 똑같이 이야기합니다. 수업과 학교생활을 안정적으로 해 나갈 수 있도록 하는 기본 규칙이기 때문입니다. 물론 모든 아이가 한 번에 이 규칙을 실천하지는 못합니다. 아이들이 아는 것에서 그치지 않고 실천할 수 있도록 1년 내내 연습해야 하지요. 이 글에서는 다섯 가지 규칙 중 안정적인 수업과 관계 형성을 위한 '말 차례'에 관해 이야기하고자 합니다.

(수업 상황1)

"지난 사회 시간에 배운 내용을 떠올려보자. 우리 마을에 다양한 장소가 있었지. 어떤 장소가 있었는지 이야기 해 줄 친구?"

"○○공원이요!"

"이○○ 커피도 있어요."

"좋아. 공원이나 커피숍은 놀이나 여가를 위한 장소였지. 또 어떤 장소가 있을까?"

"119나 경찰서도 있어요."

"맞아. 안전을 위한 장소로 경찰서나 119안전센터가 있었어."

"오○○ 떡볶이집이요!"

오늘도 교실에서 아이의 마음을 읽었습니다

"아, 오○○ 떡볶이집 맛있는데. 선생님 저 지난번에 오○○ 떡볶이집 갔는데 옆 반 친구 만났어요. 거기 맨날 우리 학교 친구들로 엄청나게 차 있잖아요."

"근데 거기는 어묵이 진짜 맛있어."

"아니야. 거긴 떡볶이야."

"나 거기 주인아줌마 딸인 언니 알아!"

"선생님은 오○○ 떡볶이집 가 보셨어요?"

(수업 상황 2)

"오늘은 낱말 사전을 만들 거야. 나누어 준 스크랩북은 총 10쪽인데 한쪽에 하나의 낱말을 쓸 수 있어. 그렇다면 우리는 총 몇 개의 낱말을 쓸 수 있을까?"

"열 개요!"

"맞아. 나와 관련된 낱말을 국어사전에서…"

"선생님! 한쪽에 몇 개 쓴다고요?"

수업 시간에는 교사의 설명을 듣고 활동하거나, 교사가 한 질문에 적절한 답을 주고받으며 수업의 목표를 달성해야 합니다. 그런데 수업과 관련 없는 말을 중간에 불쑥 생각나는 대로 말하는 아이들이 있습니다. 우리 반의 표현으로 말하자면 '말 차례를 지키지 않는 것'입니다. 위의 첫 번째 상황에서 오○○ 떡볶이집이라는 단어가 등장하자 갑자기 가게에서 친구를 만난 경험을 이야기하기 시작한 것이 그 예가 됩니다. 두 번째 상황처럼 선생님의 설명 도중 갑자기 끼어들어 자신의 궁금증을 해결하려는 것도 마찬가지이지요. 이런 현상이 반복되면 당연하게도 수업은 제대로 이어질 수 없습니다.

비단 수업 시간만 말 차례가 중요한 것은 아닙니다. 교실에서는 쉬는 시간에 질문하거나 대화하기 위해 선생님을 찾아오는 아이가 많이 있습니다. 그런데 어떤 아이는 선생님께서 앞서 온 친구와 대화하고 있는데도, 불쑥 찾아와 자신의 할 말을 하곤 합니다.

"선생님, 선생님, 저 도서관 다녀와도 돼요? 네? 선생님?"

말 차례가 지켜지지 않는 순간입니다. 아이들의 말은 귀담아들어야 합니다. 그러나 모든 상황에서 아이들의 말을 귀담아듣기란 불가능하고 또 그래서는 좋은 습관을 길러줄 수 없습니다. 누군가가 이미 대화하고 있을 때는 그 대화가 끝날 때까지 기다려야 나의 말 차례가 오는 것이지요. 그 순간을 기다리지 못하고 즉시 자신이 하고 싶은 말을 하는 것은 적절하지 않습니다. 그럴 때는 먼저 대화하고 있던 아이의 말에 집중하고, 말 차례를 지키지 않은 아이에게는 손으로 멈춤 표시만 해줍니다. 그리고 대화를 마치면 이렇게 아이와 이야기합니다.

"보정아. 선생님이 지금 앞에 있는 친구와 대화하고 있었지?"

"네."

"선생님이 대화하고 있을 때, 보정이가 선생님에게 말을 걸면 선생님은 원래하고 있던 대화에 집중하기 어려워. 또 보정이의 말도 귀담아 들을 수 없단다. 선생님에게 할 말이 있어서 왔을 때 선생님이 이미 대화하고 있다면 어떻게 하면 될까?"

"대화가 끝날 때까지 기다렸다가 이야기해요."

"맞아. 다음부터 그렇게 해 주렴."

그렇다고 매번 말 차례가 지켜지지 않을 때마다 위의 긴 대화를 반복할 필요는 없습니다. 짧고 간단하게 말해 주는 것으로 충분합니다. "지금 대화 중입니다. 기다리세요." 혹은 "말 차례를 지키세요." 하고 말입니다. 그러면 아이들은 선생님이 왜 기다리라고 하는지, 내가 어떻게 행동해야 하는지

금방 알아챕니다. 그리고 다음번에 말 차례를 지켜 기다려주었다면 "기다려주어 고마워."라고 말하며 칭찬을 놓치지 않으면 됩니다. 대화 중에 말 차례를 가로채는 상황도 마찬가지입니다. "상대방이 말하고 있을 때는 끝까지 듣는 거야."라고 말해 주고 상대의 말이 끝날 때까지 기다리게 합니다.

모든 습관이 그렇듯이 말 차례를 지키는 습관도 가정에서 함께 할 때 효과가 배가 됩니다. 저녁 식사 자리에서 부모님이 대화하고 있다고 상상해 보지요. 아버님이 회사 일을 두고 어떻게 하면 좋을지 어머님의 생각을 묻습니다. 이때 아이가 갑자기 "나 오늘 학교 수학 시간에 단원평가 90점 맞았어!"라고 말을 꺼냅니다. 그러면 "어머 정말? 공부 열심히 했구나! 정말 대견하다."가 아니라, "지금 엄마와 아빠가 대화하는 중이야. 잠깐 기다려줘."라고 이야기해 주어야 합니다. 그 후 부모님의 대화가 마무리되면 아이와도 이야기할 수 있지요. 아이가 대화 중에 끼어들지 않고 상황과 맥락에 맞게 대화에 참여할 수 있도록 말입니다. 이런 순간들이 아이의 말 차례 습관을 기르는 데 도움이 됩니다.

말 차례를 지키는 것은 하고 싶은 말을 참고 하지 않는 것이 아닙니다. 오히려 해야 할 말을 가장 적절한 상황에 적절한 방법으로 표현하는 것이지요. 말 차례를 지키는 습관은 관계 속에서 아이들의 힘이 됩니다.

"피 나요" 대신 "반창고 주세요"

다음 아이의 말에 숨겨진 진짜 뜻은 무엇일까요?

"선생님 저 손가락에서 피가 나요."

1) 저 연고 좀 발라 주실 수 있나요?

2) 손가락에 반창고를 붙이고 싶은데 반창고 좀 주세요.

3) 선생님 저 보건실에 다녀와도 될까요?

4) 지혈할 수 있는 깨끗한 휴지를 빌려주실 수 있나요?

4) 저 다쳤는데 위로해 주세요.

답은 몇 번일까요? 2013년에 방영한 SBS 드라마 〈너의 목소리가 들려〉에서는 다른 사람의 눈을 마주치면 마음을 들을 수 있는 남자 주인공이 등장합니다. 마음을 듣는다니 참 놀랍지요. 주인공은 아버지의 사고를 겪으며 얻은 특별한 능력으로 억울한 일을 겪는 사람을 돕기도 하고 사랑하는 사람의 마음을 알아차리기도 합니다. 우리에게도 그런 능력이 있으면 얼마나 좋을까요? 때때로 다른 사람의 마음을 알아차리는 능력이 있다면 어떨지 상상을 해 보기도 합니다. 그러나 사람은 다른 사람의 마음을 들을 수 없습니다. 그러니 내가 원하는 바를 정확하게 표현하는 연습이 필요합니다.

"저 손가락에서 피가 나요."라는 말만 듣고는 상대방이 어떤 도움이 필요하다는 건지 정확하게 알 수 없습니다. 듣는 사람에게 내 의사를 정확히 표현하려면 아래와 같이 말할 수 있습니다.

1) 선생님 저 손가락에서 피가 나서 연고를 발라 주실 수 있나요?
2) 선생님, 저 손가락에서 피가 나는데 반창고를 주세요.
3) 저 손가락에서 피가 나는데 보건실에서 치료받고 와도 될까요?
4) 손가락에서 피가 나는데 지혈할 수 있는 휴지를 빌려주

실 수 있나요?

그런데 보통 "저 손가락에서 피나요."에서 말을 그치는 경우는 두 가지입니다. 정말 내가 원하는 것이 무엇인지 모르거나, 끝까지 말하지 않아도 듣는 사람이 알아서 도움을 주는 것이 반복되었기 때문이지요. 듣는 사람이 알아서 돕는 것이 반복되는 경우 내가 원하는 것이 무엇인지 고민하지 않는 상황으로 이어지기도 합니다. 두 경우 모두 저는 아이들과 이렇게 이야기를 나눕니다.

먼저 아이에게 물어봅니다.

"피가 나는구나. 괜찮니? 어떻게 하면 좋겠어?"

그러면 아이는 고민하기 시작합니다. '이 상황에서 어떻게 해야 하지?' 하고 고민하기 시작한다면 내가 원하는 것을 알아가는 시작점이 됩니다. 그리고 여기서부터 문제 해결 능력이 길러집니다. 고민 끝에 아이들은 자신만의 답을 내놓습니다. 보건실을 가거나, 연고나 반창고를 요청할 수 있지요. 그러면 아이들이 이야기한 방법대로 도움을 주면 됩니다. 만약에 "모르겠어요."라고 대답한다면 대답의 선택지를 줄 수 있습니다.

"연고를 바를 수도 있고, 반창고를 줄 수도 있어. 혹은 네가 보건실을 가는 것이 필요하다는 생각이 들면 보건실을 갈 수도 있단다. 아니면 시간을 두고 지켜보다가 필요하면 다시 이야기해 봐도 돼. 선생님은 네가 아니라 너의 몸 상태를 잘 알 수 없단다. 네 몸을 가장 잘 아는 네가 이야기해 주렴."

사실 이 과정이 문제를 빠르게 해결하는 효율적인 방법은 아닙니다. 손가락에서 피가 난다고 말하는 아이가 찾아오면, "그래? 잠시만. 약 바르고 반창고를 줄테니 붙이렴." 하고 치료해 주는 게 더 빠릅니다. 다른 질문들도 마찬가지입니다.

"선생님 연필이 없어요."
"오늘 배움 공책을 집에 두고 왔어요."
"선생님 머리가 좀 아파요."
"엄마 오늘 입을 옷이 없어요."
"교실(혹은 방)이 너무 더워요."

아이가 말한 의도를 추측해서 내가 가지고 있던 연필을 쥐여 주고, 배움 공책 대신 이면지에 필기하라고 이야기해 주면 됩니다. 머리가 아프면 잠시 엎드려있으라고 말해 주고, 입을 옷을 꺼내 침대에 나열해 주면 더 빠릅니다. 덥다는 아이에게는 대답 대신 선풍기나 에어컨을 틀어주면 문제가 금방 해결됩니다. 시간을 절약하고 아이를 도울 방법 같습니다. 그런데 이러한 과정이 반복된다면 아이들은 정말 자신이 원하는 바를 정확하게 표현할 수 있을까요? 아니지요. 결국 자기 생각을 정확하게 표현하는 연습을 하지 못한다면 누군가의 선의와 도움에 기대서 원하는 일을 달성해야만 할 것입니다. 때로는 아이들이 고민하고 대답하기까지 오랜 시간 인내심을 가지고 기다려야 할 수도 있습니다. 그러나 그 기다림의 시간이 아이를 성장시킵니다. 아이들이 생각할 시간을 주어야 합니다.

한편, 문장을 끝맺음하지 못해 생각을 전달하는 것에 어려움을 겪는 아이도 있습니다.

"선생님 저 물…."

"선생님 공책을 못 가져왔는데 이면지 좀…."

위의 문장은 물을 마시고 오고 싶다는 내용일 것이고, 아래의 문장은 공책을 가져오지 못했으니 이면지를 달라는 이야기일 테지요. 말의 의도를 이해하는 데는 무리가 없습니다. 그러나 문장을 끝까지 말하지 못하면 자신감이 없어 보이고 다른 사람의 이해에 의존해야 합니다. 이러한 경우 말의 의도를 이해할 수 있을지라도 아이가 문장을 끝까지 맺을 수 있도록 되물어주면 좋습니다. "응? 끝까지 또박또박 잘 말해 줄래? 문장을 끝까지 말해 주지 않으면 잘 알아들을 수 없구나."라고 말입니다.

또렷하게 내 마음을 표현할 수 있다는 것은 큰 소리로 말하는 것도, 반복해서 말하는 것도, 고집을 부리는 것도 아닙니다. 차분하고 예의 바르게 완전한 문장을 활용하여 상대방에게 부탁하고자 하는 것을 표현할 수 있으면 충분합니다.

§ 3 §

우리 아이를 만드는 말·말·말

요즘 대세는 무엇인가요? 제가 이 글을 쓰고 있는 지금의 대세는 '러닝'입니다. 운동화와 편한 복장만 있으면 언제 어디에서든 할 수 있다는 매력 때문인지 많은 사람들이 러닝의 매력에 흠뻑 빠졌습니다. 러닝을 하고 인증 사진이나 영상을 올리는 분들도 많아졌지요. 하루는 SNS에서 유아차를 끌고 마라톤하는 아버지의 영상을 보았습니다. 아이를 유아차에 태우고 10km, 하프 코스, 심지어는 풀 코스까지 달리시는데 정말 대단하다는 말밖에 나오지 않았습니다. 그중에서도 오랫동안 제 마음에 남았던 짧은 영상이 있습니다. 부녀가 함께하는 마라톤 코스에 굴다리가 있었습니다. 아버지는 굴다리에 들어갈 때 아이에게 응원의 말을 외치자고 제안했습니다. 부녀가 목소리를 모아 "파이팅!" 하고 외치자 다른 사람들도 "파이팅!" 하고 화답하며 서로를 응원하기 시작했습니다. 그 모습을 본 아이는 이렇게 말했지요.

"우리가 하니까 다른 사람도 하네?"

아이는 그때부터 마라톤이 끝날 때까지 "아빠 파이팅!" 하고 응원하기 시작했습니다. 그 영상의 댓글에 이런 말이 적혀 있었습니다.

"어렸을 때부터 누군가를 응원하는 법을 자연스럽게 가르치셨네요."

아이들은 어떻게 말을 배울까요. 태어나서 아이가 처음 말할 때를 생각해 보면 쉽습니다. 책으로 공부하거나 쓰인 글자를 읽은 것이 아닙니다. 주변 어른들이 말하는 것을 보거나 들으며 배우지요.

"엄마라고 말해 봐. (입 모양과 함께) 엄마."

"아빠 말해 봐, 아빠."

그렇게 어른들이 들려준 말과 보여준 입 모양을 보고 '엄마', '아빠'를 따라 말할 수 있게 됩니다. 신생아 때만 그런 것이 아닙니다. 아이들은 자라나면서도 주변 사람의 말을 들으며 배웁니다. 아빠와의 마라톤에서 서로를 응원하는 말을 듣고, 내가 한 응원의 말이 다시 돌아오는 상황을 경험한 아이는 무엇을 배웠을까요. 응원하는 말을 배웠을 뿐만 아니라 응원했을 때의 기쁨을 느꼈을 것입니다. 그리고 그 경험이 아이를 응원의 말을 할 수 있는 사람으로 키워 낼 테지요.

"문 닫아줄 수 있니?"

"수업 시간에 관련 없는 물건은 정리합시다."

"잘하지 않아도 괜찮아. 최선을 다하면 돼."

"대단한데! 노력했구나."

"바르게 앉아봅시다."

"블라인드 좀 내려줄 수 있어?"

"오늘은 몇 번이 인사할 차례인가요?"

"우리 줄 맞춰 볼까?"

모두 제가 교실에서 반복적으로 하는 말입니다. 아이들과 지내다가 보면 어느 순간 아이들이 제 말투까지 똑같이 복사해서 이야기합니다. 가끔은 제가 속으로 생각하고 있는 말을 아이들 입에서 먼저 듣기도 하지요. 그럴 때마다 '정말 말 잘해야지.' 하고 생각하곤 합니다. 아이들은 많이 듣는 말을 익힙니다. 말뿐만 아니라 말투와 행동까지 말입니다.

한 번은 윤진이가 연필을 놓고 간 친구를 부르며 "야! 이거 가져가야지!"라고 소리쳤습니다. 갑작스럽게 들린 "야!"라는 소리에 우리 반 아이들 모두가 멈칫했습니다. 저도 우리 반 아이들도 서로를 이름으로 부르려고 노력해 왔기 때문입니다. 그런데 어떤 해에는 "야!"라고 불러도 아무도 이상하게 여기거나 멈칫하지 않습니다. 이미 친구를 "야!"라고 부르거나, 듣는 것에 익숙해진 것이지요. 안타깝게도 이런 말 습관이 이미 교실에 만연할 때에는 교사만의 힘으로 바꿔 내기에 한계가 있습니다. 교사의 말은 아이가 일상생활에서 듣는 말 중 아주 일부만을 차지하고 있기 때문입니다. 아이들이 가장 많은 말을 듣는 곳은 바로 가정입니다. 가정에서 어떤 말을 나누는지, 어떤 말투로 말하는지, 그때의 표정과 행동이 어떤지가 아이의 말 습관을 만듭니다.

세현이는 친구들에게 "짜증 내지 말고 말해. 왜 소리를 질러?"라는 말을 자주 듣습니다. 평소 세현이는 친구들과 조잘조잘 이야기합니다. 그런데 갈등을 마주하면 소리를 지르거나 화를 내서 문제를 해결할 때 어려움을 겪었지요. 처음에는 그 이유를 알 수 없었습니다. 교육적인 대화를 반복하던 중에 아이를 둘러싼 환경을 알게 되며 세현이의 반응을 이해하게 되었습니다. 세현이는 감사 일기에 부모님이 다투었다는 이야기를 종종 썼습니다. 부모님께서 소리를 지르며 싸워서 동생과 귀를 막고 방에 있었던 이야기, 오늘은 싸움이 일찍 끝났다는 이야기…. 어떤 이유인지는 모르지만 큰 소리로 언성을 높여 다투신 부모님을 보며 갈등을 대하는 방법을 배운 것입니다. 그리고 배운 그대로 친구들과의 관계에서 적용한 것뿐이지요.

솔직히 아이들과 생활하며 매일 좋은 말, 친절한 말, 존중하는 말만 쓰기 어렵다는 사실을 알고 있습니다. 아이를 키울 때면 하루에도 수십, 수백 번을 인내하고 또 인내해야 합니다. 그리고 그 인내가 한계에 도달하는 아슬아슬한 순간도 참 많지요. 친절하게만 말하고 혼을 내지 말자는 뜻이 아닙니다. 혼을 낼 때도, 지시해야 할 때도, 아이의 이름 석 자를 불러야 할 때도 있습니다. 부모님의 단호함은 아이의 성장을 도와주지요. 훈육이 필요한 특별한 상황을 제외하고 평소에 나누는 대화를 주목해 돌아보면 좋겠습니다. 그 때 부모님의 말이 아이의 말 습관을 만듭니다. 우리의 말이 input이 되고, 그 수많은 input이 쌓여 아이들의 output이 나오는 것이지요.

안타깝지만 "감사합니다.", "죄송합니다."를 할 수 있는 아이들이 많이 없습니다. 선생님이 나누어주신 준비물을 건네받을 때, 선물을 받았을 때, 급식실에서 급식을 받을 때, 양보받았을 때…. 하루에도 감사를 표현할 순간들은 참 많습니다. 그런데 아이들에게서 "감사합니다."라는 말을 듣는 일이 점점 줄어드는 듯합니다. 지나다니다가 실수로 몸을 부딪치거나 물건을 떨어뜨리고는 "아!" 하고 그냥 가는 아이도 여럿 관찰됩니다. "죄송합니다." 혹은 "미안해."라고 표현하면 되는데 말이지요. "감사합니다.", "죄송합니다."라는 말은 다른 사람에게 자신의 품격을 보여줍니다. 나를 낮추는 말이 아니라 오히려 높일 수 있는 말입니다.

아이들과 어떤 말을 많이 주고받고 계시나요? 아이들이 어떤 말을 하며 살아가기를 바라시나요? 저는 담임교사로서 우리 아이들이 나를 사랑할 수 있는 아이, 서로를 존중할 수 있는 아이로 자라나기를 바랍니다. 그래서 아이들과 "사랑합니다."로 인사하고 "고마워."라고 말하려고 노력합니다. 아주 사소하지요? 우리가 할 수 있는 사소한 말부터 아이들에게 많이 들려주면 좋겠습니다. 아이들은 금방 보고 배울 테니까요.

§ ‖ §

때에 맞는 옷이 가장 아름다워요

고학년이 될수록 화장이나 옷차림에 관한 아이의 관심은 높아집니다. 특히 여자아이들일수록 그렇지요. 친구가 입은 짧은 치마를 보고 사 달라며 조르기도 하고 색이 있는 립밤이나 백탁 현상이 있는 선크림을 사서 바르기 시작하기도 합니다. 이 시기를 마주하면 화장과 옷차림을 어디까지 허락해 줘야 할지 고민이 됩니다. 너무 제한했다가는 반항심이 생기지 않을까 걱정이 되고, 너무 자유롭게 풀어주면 외모를 가꾸는 일에만 과도하게 몰두하게 될지 걱정이지요.

TPO는 Time(시간), Place(장소), Occasion(상황)의 약자로 때와 장소, 상황에 적절한 복장이나 태도를 말합니다. 예를 들어 사람들은 TPO를 맞추기 위해 장례식장에는 어두운색의 단정한 옷차림을 합니다. 학교에서도 마찬가지입니다. 교실이라는 장소, 다른 또래들과 함께 공부하는 상황에 적절한 복장과 태도가 필요합니다. 예뻐 보이고 싶은 마음은 이해하지만, 너무 짧은 치마나 과도한 화장은 배우는 과정을 방해합니다. 단적인 예로 화장이 지워질까 봐 거울을 반복해서 쳐다보게 됩니다. 의자에 앉을 때마다 올라가는 치마 때문에 수업에 집중하기 어려울 수도 있지요. 또 함께 공부하는 또래들의 눈살을 찌푸리게 할 수도 있습니다. 그런데 화장도, 짧은 옷차림도 그냥 안 된다고만 하는 것은 일시적인 방편에 지나지 않습니다. 근본적으로는 아무것도 하지 않아도 아름다운 나를 인식하고 긍정적인 자아 존중감을 형성할 수 있도록 도와야 합니다.

사과 같은 내 얼굴

예쁘기도 하구나

눈도 반짝

코도 반짝

입도 반짝반짝

가사만 적어놓아도 자연스레 노래가 나오지요? 어린 시절

누구나 불러봤던 동요인 〈사과 같은 내 얼굴〉의 가사입니다. 가사의 내용이 깊이 공감이 되는 요즘입니다. 아이의 얼굴은 무얼 하지 않아도 반짝반짝 빛납니다. 그런데 정작 아이들은 그렇게 생각하지 않는 듯합니다. 5학년 학급을 맡을 때의 일이었습니다. 어느 날부터 쉬는 시간에 여자아이들이 책상에 모여 파우치를 구경하기 시작했습니다. 멀찍이서 관찰하고 있는데 한 남자아이가 가까이 가서 살피더니 이렇게 소리쳤습니다.

"선생님! 얘네 화장해요!"

올 것이 왔구나 싶었습니다. 학기 초에 무대 의상같이 짧고 딱 붙는 옷차림에 신경을 쓰는 아이들이 생겨났던 터라 곧 화장에도 관심을 가지겠다고 생각하던 참이었습니다. 이왕 이야기가 나온 김에 아이들과 화장에 관해 이야기해야겠다는 생각이 들었습니다. '어떻게 이야기하면 좋을까?' 하고 고민하다가 제 학창 시절에 선생님의 말씀이 떠올랐습니다.

"너희는 화장 안 해도 돼. 그 자체로 너무 예뻐."

선생님의 말씀이 딱 제 마음이었습니다. 그런데 학생 때는 선생님의 말씀이 왜 이렇게 와닿지 않았는지요. 화장을 못 하게 하시려는 말씀이라고만 생각했습니다. 우리 아이들도 비슷하게 느끼겠구나 싶어 고민이 시작됐지요. 문득 예전에 방영하던 〈화성인 바이러스〉에 나왔던 화장 중독과 관련된 이야기가 떠올랐습니다.

〈화성인 바이러스〉는 남들과는 조금 다른 삶을 살고 있는 사람들의 생활을 취재해서 보여주는 프로그램입니다. 이 프로그램에 화장을 거의 지우지 않고 생활하는 사람이 소개된 적이 있습니다. 주인공은 스키를 타러 가서도 스키를 타기보다 화장에 신경을 쓰고, 잘 때도 화장을 지우지 않습니다. 아침에 일어나서 잘 때까지 진한 화장으로 덮어진 얼굴을 보며 아이들도 반응이 좋지 않았습니다.

"화장이 너무 진해요. 좀 과한 거 같은데요?"

"잘 때까지 하고 있으면 너무 피부에 안 좋을 것 같아요."

그러던 중에 피부 상태를 검사하기 위해 병원에서 화장을 지운 주인공의 모습이 등장했는데, 아이들의 환호가 들려왔습니다.

"엥! 화장을 왜 한 거예요? 화장 안 한 게 훨~씬 예쁜데요?"

"와…. 화장을 왜 하셨지? 맨얼굴이 더 예뻐요."

"진짜. 화장 안 하신 게 더 예쁘다."

보던 영상을 멈추고 아이들에게 솔직한 저의 마음을 나누었습니다.

"너희가 이 영상의 주인공을 볼 때 느꼈던 그 감정이, 선생님이 화장한 너희들을 볼 때의 감정이란다. 너희는 지금 그 자체로 너무 예뻐. 화장하는 것이 나를 예쁘게 꾸미고 싶은 감정에서 비롯된 것은 이해해. 그래도 학생일 때에는 너희의 자연스러운 아름다움을 자유롭게 드러내며 살았으면 좋겠어."

그제야 아이들이 선생님의 심정을 이해하겠다는 표정을 짓습니다. 미디어를 통해 가수와 배우들의 꾸민 모습을 보다 보니 짧고 딱 붙는 의상을 입고 화장한 모습이 훨씬 예쁠 것이라는 생각에 빠진 아이들이 있습니다. 아이에게 학생다운 아름다움을 이야기해 주세요. 학생인 너희들은 화장으로 덧입히지 않아도 너무 아름답다고 말입니다.

부모님의 실패와 실수도 보여주세요

틀려도 괜찮아, 교실에선.

너도나도 자신 있게 손을 들고 틀린 생각을 말해. 틀린 답을 말해.

언제나 맞는 답을 말해야 한다고 생각하니까 틀리는 게 무섭고
두려워져.

구름 위의 신령님도 틀릴 때가 있는데 태어난 지 얼마 안 된 우
리들이 틀린다고 뭐가 이상해.

틀리는 건 당연하다고.

틀렸다고 웃거나 바보라고 놀리거나 화내는 사람은 없어.

틀릴 땐 친구들이 고쳐 주고 가르쳐 주면 되지.

어려울 땐 선생님이 지혜를 내어 가르쳐 주면 되지.

그런 교실을 만들자.

이런 멋진 교실을 만들자.

- 『틀려도 괜찮아』, 마키타 신지

참 사랑하는 그림책 『틀려도 괜찮아』에서 발췌한 문장들입 니다. 학기 초가 되면 해마다 아이들과 이 책을 읽으며 '틀려 도 괜찮은' 교실을 만들자고 다짐합니다. 책에서는 발표할 때 틀릴까 봐 심장이 쿵쿵 뛰고 손을 들지 못하는 아이의 마음을 주목합니다. 교실에는 발표할 때뿐만 아니라 내가 실패하고 실수할까 봐 도전하는 것조차 주저하는 아이들이 있습니다.

한 번은 4학년 아이들과 음악 시간에 배운 리코더를 활용 하여 교내 버스킹을 계획했습니다. 중간 놀이시간[1]에 소강당 에서 공연한다는 포스터를 만들어 홍보하기로 했지요. 그리 고 공연 포스터를 만들고 싶은 아이들의 자원을 받았습니다. 그런데 한 아이가 손을 들었다가, 내렸다가, 다시 들기를 반 복하는 것이었습니다. 그 아이는 마지막까지 고민하다가 결

---

1   중간 놀이시간이란, 1교시와 2교시를 블록으로 묶어 수업한 후 20분을 길게 쉬 는 시간을 말합니다.

국은 자원하지 않았습니다. 쉬는 시간에 슬며시 다가가 물었지요.

"아까 왜 손 들었다가 내렸어?"
"아…. 하고는 싶었는데 했다가 포스터를 망칠 것 같아서요."
"그냥 해 보지! 해 보고 싶었던 거 아니야?"
"해 보고는 싶었는데요. 망치는 것보다는 안 하는 게 나아요."

해 보고 싶은데, 실패와 실수가 두려워 도전하지 않았다는 아이의 말이 참 안타까웠습니다. 도전하기 위해서는 잘 못하더라도 괜찮다는 마음이 필요합니다. 가장 좋은 방법은 어른이 실수하는 모습들을 숨기지 않고 드러내는 것입니다. 사회시간에 있었던 일입니다. 교통수단을 공부하던 중에 갑자기 학급의 아이가 물었습니다.

"선생님, 드론도 교통수단이에요?"
"음…. 드론은 보통 영상을 촬영하거나 높이 떠서 관찰할 때 사용하니까 교통수단이라고 보긴 어렵지 않을까?"
"아하 그럼 드론은 뭐라고 말할 수 있어요?"

"어떤 범주로 묶을 수 있느냐는 거지? 촬영 장비 어때?"

"오! 좋아요."

그날 수업을 마치고 다음 수업을 준비하기 위해 교과서를 펼쳐보는데 멈출 수밖에 없는 문장이 적혀 있었습니다.

"오늘날에는 물건을 배송할 때 드론을 사용해요."

드론은 물건 배송에 사용하기도 하므로 오늘날 새롭게 나타난 교통수단이라는 내용이었습니다. 찾아보니 사람이 배송하기 힘든 지역에 드론을 활용해 배송하고 있다는 뉴스 기사들도 쉽게 접할 수 있었습니다. 꼼꼼히 살펴보지 않은 제 실수였습니다. 결국 다음 날 아이들에게 제 실수에 관해 이야기하고 오개념을 수정했습니다.

저는 실수하거나 실패한 경험을 아이들에게 숨기지 않고 나누려고 합니다. 동아리 하는 날짜를 잘못 알려 주어서 다음 날 정정한 적도 있고, 1교시를 마치고 영어 교실로 이동해야 했는데 수업에 몰입한 나머지 늦어서 급히 영어 교실로 내려가기도 했지요. 실력이 부족해서 생긴 일화도 나눕니다. 2학년 아이들과 친구 얼굴 그리기 미술 수업을 위해 예시 작품을 칠판에 그려 주었습니다. 그런데 얼굴을 잘 그리지 못했는지 한 아이가 슬며시 손을 들고는 "선생님 너무 무서워요."라고 말했지요. 마음 쓰린 경험을 나누면 아이들이 하나같이 다 웃음보가 터집니다. 아이들도 처음에는 "선생님이 실패하기도 하시고 실수도 하시네?" 하며 의아해합니다. 그런데 선생님이 실수를 인정하고 수정해 주는 일을 몇 번 겪으면 "선생님도 실수하실 수 있지." 하며 의연한 태도를 보입니다. 자연스럽게 누구나 실수할 수 있으며 나도 그럴 수 있음이 받아들여지는 것이지요.

아이들과 함께하다 보면 존경받을 만한 어른이 되어야 할 것 같은 마음의 압박감을 받을 때가 있습니다. '뭐든지 잘하고, 완벽하게 보여야만 아이들이 보고 배울 점이 있지 않을까' 하는 생각도 듭니다. 저도 그렇습니다. 그러나 완벽한 어른이 되기는 불가능하지요. 정신없이 아이들을 챙기다 보면 실수할 수밖에 없습니다. 때로는 내 능력 밖의 일에서 실패하기도 합니다. 누구나 잘하는 일이 있듯이 어려워하는 일도 있으니까요. 가끔은 실수와 실패를 인정하기보다 핑계와 거짓말로 모면하고 싶기도 합니다. 그런데 어른들의 실수와 실패를 통해서도 아이들은 배웁니다. '아 누구나 실수할 수 있구나.' 하고 말입니다. 실수해도 괜찮다고 말해 주는 것도 좋지만 실수해도 괜찮다는 것을 직접 경험하게 하는 것도 좋습니다. 그러니 이미 아이들에게 존경받는 당신, 가끔은 실패와 실수로 아이들에게 말해 주세요.

"실패해도, 실수해도 괜찮다!"

§ **6** §

'나'를 지키고 '남'을 존중하는 경계

처음 경계 교육을 접한 것은 교장선생님의 수업을 통해서 였습니다. 그 당시 교장선생님께서는 모든 학급에 방문해 아이들과 수업하셨는데, 담임교사로서 이를 참관할 기회가 있었습니다. 교장선생님께서 수업하신다는 것도 놀라웠는데, 뒤에서 담임교사가 참관할 기회가 있다니! 지금 돌이켜보면 큰 행운입니다. 교장선생님께서는 '경계'에 관해 이렇게 서두를 떼셨습니다.

"지도를 보면 나라와 나라 사이에 무엇이 있지?"

"국경선이 있어요."

"맞아. 나라와 나라 사이에는 국경선이 있어. 이 선을 군대가 함부로 넘어갈 수 있을까?"

"안 돼요. 전쟁이 나죠!"

"그렇지. 그래서 다른 나라의 국경선, 즉 경계를 넘지 않기 위해 조심해야 해. 그런데 경계는 나라와 나라 사이에만 있는 것은 아니란다. 우리 주변에도 많이 있지. 우리 학교에 들어오기 위해서는 후문이나 정문으로 들어와야 해. 그 외에는 담으로 둘러싸여 있지. 우리 학교와 마을을 구분 짓는 경계가 있는 거야. 복도에서 우리 반 교실을 들어오기 위해서는 문을 열어야 하지? 문도 복도와 교실을 구분하는 경계인 거지. 그런데 그보다 더 가까이, 눈에 보이지 않는 경계들이 있어. 우리 몸, 말 그리고 물건들에도 말이야."

경계를 알고만 있어도 아이들 사이의 갈등은 줄어듭니다. 다른 사람의 경계를 넘지 않게 조심하며 갈등이 만들어지지 않을 수 있어서지요. 또한 다른 사람의 행동이 불편하게 느껴지는 원인을 경계로부터 쉽게 파악할 수 있습니다. 갈등의 원인을 분명히 파악할 수 있으니 생겨난 갈등을 해결할 때도 쉽습니다. 저는 아이들과 경계에 대해 이야기할 때 몸 경계, 물건 경계, 말 경계라는 세 가지 영역으로 나누어 설명합니다.

몸 경계

먼저, '몸' 경계입니다. 말 그대로 서로의 몸에 대한 경계이지요. 길을 지나다닐 때 상대방의 몸에 부딪히지 않도록 조심히 걷는 것, 다른 이의 신체를 함부로 만지지 않도록 조심하는 것이 몸 경계에 속합니다.

그런데 한번 설정되면 거의 바뀌지 않는 국경선과 달리, 사람이나 상황마다 몸 경계는 시시때때로 바뀝니다. 함께 상상해 보면 좋겠습니다. 친한 친구가 내 몸의 어디까지 닿아도 부담스럽거나 기분 나쁘지 않으신가요? 저는 팔짱 끼는 것, 가벼운 포옹, 어깨를 두드리는 것은 괜찮습니다. 애정의 표현으로 느껴지지요. 어떤 아이들은 어깨만 괜찮다고 하고, 어떤 아이들은 얼굴까지도 다 괜찮다고 말합니다. 또 어떤 아이는 등이나 목은 괜찮은데 배는 싫다고 말하고, 친한 친구라면 다 괜찮다고 말하기도 합니다. 모두 제각각입니다. 그럼 이번에는 친한 친구가 아니라 처음 보는 사람이 내 몸의 어디까지 닿아도 부담스럽거나 기분 나쁘지 않으신가요? 저는 악수 정도가 부담스럽지 않습니다. 처음에 다 괜찮다고 했던 아이들도 이제는 멈칫합니다. 범위가 손이나 팔 정도로 좁아집니다. 기분이 좋을 때와 우울할 때를 비교해 본다면 어떨까요? 기분이 좋을 때는 머리를 쓰다듬어도 괜찮은데, 우울할 때는 머리를 쓰다듬으면 짜증이 확 올라오기도 합니다. 이처럼 몸 경계는 사람이나 상황에 따라 매 순간 바뀌기 때문에 어렵습니다. 이런 가변성을 극복하기 위해 어린아이들에게는 간단하게 상대방에게 물어보라고 알려줍니다.

"내가 네 손 잡아도 돼?"

"나는 너랑 옆에 붙어서 앉고 싶은데 그래도 괜찮아?"

"나 너랑 포옹하고 싶어! 괜찮니?"

그런데 순간마다 바뀌는 몸 경계에 대해 매번 물어보기는 쉽지 않습니다. 교제한 지 1년이 된 연인이 길을 걸을 때 매번 "손잡아도 돼?" 하고 묻지는 않듯이 말입니다. 고학년 아이들에게는 상대의 표정, 나에게 보이는 행동, 쌓아온 관계 등의 비언어적 표현을 바탕으로 판단해야 함을 이야기해 줄 수 있습니다.

물건 경계

두 번째로는 '물건' 경계입니다. 긴 책상 가운데 그어진 선을 확인하며 "이 선 넘으면 내 거다!"를 외쳤던 교실 속 풍경이 기억나시나요? 지금 생각해도 웃음이 나오는 이 말은 다르게 하면 '이 선 안은 나의 물건을 두는 공간이니 침범하지 말라'는 표현이지요. 오늘날의 교실에서도 표현만 다를 뿐 물건과 관련된 다양한 갈등이 나타납니다.

"얘가 제 지우개 가져가서 안 돌려줘요!"

"선생님 저 친구가 제 의자에 마음대로 앉아서 안 일어나요!"

"친구가 제 필통을 교실에다가 숨겼어요!"

물건 경계는 다른 사람의 물건을 함부로 만지거나 다루지 않는 것이라고 이해하면 쉽습니다. 타인의 교과서나 연필을 허락받고 만지는 것, 친구에게 빌린 색연필을 조심스럽게 사용하고 돌려주는 것 등이 물건 경계를 지키는 방법이지요. 그런데 물건 경계는 타인의 물건에만 적용되는 것은 아닙니다. 내 물건을 정해진 위치에서 잘 관리하는 것이 나의 물건 경계를 세우고 지키는 첫걸음입니다. 예를 들어 학교에 오면 책가방을 책상 고리에 걸어두는 것이나 서랍 속을 가지런히 정돈하는 것 등이 있습니다.

3학년 희정이는 자신의 물건 경계를 지키기 어려워하는 아이였습니다. 학교에 오면 책가방은 바닥에 놓였고, 수업 시간에는 여러 종류의 교과서가 뒤섞여 책상 위에 올려져 있었습니다. 책상 서랍 속은 욱여넣은 학습지로 가득했고 수업이 끝난 후에는 사물함 위에 희정이의 교과서가 올려져 있는 것이 일상이었습니다. 물건을 복도에 흘려서 다른 반 선생님이 연락을 주시기도 했습니다. 자신의 물건 경계를 세우지 못하는 상황이었지요. 나의 물건을 사용하고 제 자리에 보관하는 것, 거기에서부터 물건 경계를 잘 세워나갈 수 있습니다. 여담이지만 희정이와는 1년 내내 자신의 물건 경계 지키기를 연습했습니다. 그리고 결국 책가방을 가방 고리에 거는 습관을 익혀냈습니다.

말 경계

세 번째로는 '말' 경계입니다. 우리나라에는 말과 관련된 다양한 속담들이 있습니다.

1) 가는 말이 고와야 오는 말이 곱다.
2) 말 한마디에 천 냥 빚도 갚는다.
3) 말이 고우면 비지 사러 갔다가 두부 사 온다.
4) 화살은 쏘고 주워도 말은 하고 못 줍는다.

위의 네 가지 속담은 공통점이 있습니다. 바로 말의 영향력과 책임에 관해 이야기하고 있다는 것이지요. 우리는 말 한마디에 듣는 이의 마음을 따뜻하게 만들 수도 있고 상처 입힐 수도 있습니다. 말은 한 번 입술에서 나오면 주워 담을 수 없기에 하기 전에 신중, 또 신중해야 합니다. 그런데 많은 사람들이 말의 힘을 간과합니다. 때로는 '내가 하고 싶은 말을 하는데 뭐 어때?'라고 생각하며 쉽게 말하기도 하지요. 말에도 경계가 필요합니다. 상대방을 비난하기보다는 격려하는 말을 사용하는 것, 비속어는 사용하지 않는 것, 상대방을 탓하며 말하기보다 나의 마음이 이러했다고 I-Message를 사용하는 것 등이 말 경계를 지키는 방법입니다. 그런데 말 경계는 언어적인 표현뿐만 아니라 비언어적인 표현도 포함합니다. 조금 더 쉽게 말하면 말 경계를 지킬 때 표정이나 말투, 행동을 함께 고려해야 한다는 것이지요.

1) 내가 그린 그림을 보고 친구가 신기하고 존경스러운 눈 빛을 보내며 "너 잘한다"고 이야기할 때
2) 장난을 치다가 컵을 깨뜨려 어머니께서 한숨을 쉬며 "잘 한다. 잘해"라고 말씀하셨을 때

두 상황 모두 "잘한다."는 언어적인 표현이 사용됐습니다. 언어 자체로만 보면 긍정의 말이지요. 그런데 두 상황에서의 "잘한다."의 의미는 사뭇 다릅니다. 첫 번째 경우는 나의 능력을 칭찬하는 말이지요. 들으면 기분이 좋습니다. 그런데 두 번째 경우는 정말 잘했다는 의미가 아니지요. 들으면 속상하고 기분이 좋지 않습니다. 이 두 가지 의미를 어떻게 구분할 수 있을까요? 상황과 더불어 나타나는 표정과 말투 그리고 행동입니다. 컵을 깨뜨린 상황에서 한숨을 푹 내쉬며 하시는 말씀이 정말 긍정적인 의미일 리 없습니다. 이처럼 비언어적인 표현(표정, 말투, 행동)도 말 경계에 포함됩니다. 가끔 친구가 잘못하고는 제대로 사과하지 않는다며 도움을 요청하는 아이들이 있습니다. 이야기를 들어보면 상대방 아이는 이미 사과했다고 말하곤 하지요. 이런 경우 말로는 사과했지만, 비언어적인 표현이 뒤따르지 않았을 가능성이 높습니다. 눈은 마주치지 않고, 비아냥거리는 목소리로 "미안해."라고 한다면 이는 진정으로 말 경계를 지켰다고 보기 어렵습니다. 말경계를 지키기 위해서는 어떤 말을 할 것인지도, 그 말을 어떠한 방식으로 할 것인지도 중요합니다. 사과와 관련해서는 후에 3부에서 이야기 나누어 보고자 합니다.

몸 경계, 물건 경계 그리고 말 경계는 모두 마음 경계와 맞닿아 있습니다. 세 가지 경계를 잘 지키지 않으면 마음 경계를 넘어 상대방에게 상처를 줄 수 있어서지요. 경계는 눈에 보이지 않기에 알고 있어도 실천하기가 어렵습니다. 그래서 공동체에서 함께 경계를 지키기 위한 분위기를 만들어 가는 것이 중요합니다. 가정에서 경계를 인식하고 실천한다면 아이는 삶 속에 나의 경계를 만들어갈 뿐만 아니라 다른 사람의 경계를 존중하게 될 것입니다.

경계를 인식하게 해 줄 수 있는 말 예시

엄마가/아빠가 안아줘도 돼?	내 몸에 관한 선택권이 나에게 있으며, 내가 원할 때 누군가가 나의 경계 안으로 들어올 수 있음을 받아들이게 도울 수 있습니다.
(가끔 의도적으로) 지금은 손잡고 싶지 않아. 10분 있다가 물어봐 줄래?	상대방이 나를 싫어해서 손잡기를 거절하는 것이 아니라, 상황에 따라 원치 않을 수 있음을 자연스럽게 받아들일 수 있게 도와줍니다.
네 의자 좀 빌려도 괜찮을까?	물건 경계에 대한 감각을 길러주도록 도와줍니다.
내 물건을 만질 때는 미리 물어봐 줄래?	

§ 7 §

화면 속의 우리 아이,
꾸준한 관심이 필요해요

"너희가 만약 부자 아빠에게 선물을 받을 수 있다면 어떤
선물을 받고 싶어?"

"저는 아이폰이요!"

"저는 그럼 삼성 갤럭시 폴드요!"

"저는 최신형 휴대전화면 뭐든 좋아요."

최은옥 작가님의 『내 멋대로 아빠 뽑기』로 온 책 읽기 수업
을 하던 중이었습니다. 주인공이 뽑기 기계에 부자 아빠가
있으면 좋겠다는 소원을 말하자 정말 무엇이든 다 사 주는
'부자' 아빠가 등장했습니다. 부럽다는 아이들에게 만약 내가
주인공이라면 어떤 선물을 받고 싶냐고 물었습니다. 단연코
1등은 스마트폰입니다. 매년 '선생님과의 데이트(상담)'를 하
며 가장 소중한 물건이 무엇인지 물어도 스마트폰이라고 대

답하는 아이가 가장 많습니다.

　스마트폰은 이제 우리의 삶에서 뗄 수 없는 물건이 되었습니다. 일 때문에 사람들과 소통해야 할 때도, 사진을 찍을 때도, 요리 방법을 검색할 때도, 일정을 관리하기 위해 달력을 볼 때도 모두 스마트폰을 사용합니다. 재미있는 영상과 글은 얼마나 많은지 스마트폰을 보고 있으면 시간 가는 줄 모릅니다. 그러나 양날의 검처럼 장점만큼이나 단점이 뚜렷한 물건이기도 하지요.

　스마트폰과 함께 아이의 삶에서 중요하게 꼽히는 또 다른 하나는 바로 게임입니다. 게임을 좋아하는 모습은 남자아이들에게서 두드러지게 나타나지만, 여자아이들이라고 관계없는 이야기는 아닙니다. 요즘 아이들은 학교를 마치고 놀이터에서 뛰어노는 시간보다, 온라인에서 만나 게임을 하며 놀이하는 시간이 많습니다. 주말 동안에만 게임 할 수 있는 아이들이 매일 게임 할 수 있는 아이들을 부러워하는 대화는 쉽게 들리곤 하지요.

조너선 하이트 작가의 『불안 세대』에서는 '스마트폰 기반'이라는 용어를 사용합니다. 이는 컴퓨터와 태블릿, 인터넷에 연결된 비디오 게임, 스마트폰을 포함한 모든 개인용 전자기기를 일컫는 말입니다. 책에서 저자는 이렇게 말합니다.

> 놀이 기반 아동기에서 스마트폰 기반 아동기로의 전환이 진행됨에 따라 많은 아동과 청소년은 실내에서 머물면서 온라인에서 노는 것에 매우 만족해했지만, 그 과정에서 그들은 모든 어린 포유류가 기본 능력을 발달시키고 타고난 두려움을 극복하고 부모에게 덜 의지할 준비를 하기 위해 꼭 필요한 종류의 신체적 경험과 사회적 경험에 노출될 기회를 잃었다.
>
> (중략) 따라서 부모들은 현실 세계에서 위험과 자유를 제거하려고 노력하다가 일반적으로 자녀에게 가상 세계에서 완전한 독립성을 허용하고 마는데(흔히 자기도 모르게), 일부 이유는 대다수 사람이 가상 세계에서 무엇을 어떻게 제한해야 하는지는 말할 것도 없고 거기서 어떤 일이 일어나는지조차 잘 모른다는 데 있다.
>
> – 『불안 세대』, 조너선 하이트

3학년이었던 재은이와 데이트를 하며 제일 행복한 순간이 언제인지를 물었던 적이 있습니다.

"재은이는 언제 가장 행복해?"

"저는 게임을 할 때요!"

"왜 그때가 제일 행복해?"

"재밌잖아요!"

"게임 하는 순간이 재미있어?"

"네. 게임을 하면서 사람들이랑 채팅하면 웃긴 말도 많이 나오고요. 또 제가 하고 싶은 말을 채팅으로 막 할 수 있어요."

재은이가 평소 사용하던 험한 말이나 비속어의 실체가 풀리는 순간이었습니다. 머리를 대가리라고 말하거나, 욕을 사용하거나, 대화 속 아이답지 않은 말투가 채팅으로부터 시작됨을 직감적으로 느꼈습니다. 재은이가 한 게임은 특별한 게임이 아니었습니다. 이미 교실 속 많은 아이가 하는 게임이었지요. 같은 게임도 어떻게 활용하는지에 따라 아이에게 천차만별의 영향력을 끼칠 수 있음을 느꼈습니다.

스마트폰과 게임은 '자기 조절 능력'을 발휘하기 어렵게 만든다는 공통점이 있습니다. 자기 조절 능력은 자신의 몸과 마음을 상황에 알맞게 조절하도록 돕습니다. 학생 때 연습해야 할 중요한 능력이지요. 칠판 앞에서 선생님께서 설명하고 계실 때는 다 마신 우유갑을 정리하러 움직이지 않는 것, 수업 시간에 친구에게 말하고 싶더라도 쉬는 시간까지 기다릴 수 있는 것, 어른들이 이야기하실 때 끼어들지 않고 끝까지 들을 수 있는 것 등이 모두 자기 조절 능력에서 비롯한 것이지요. 그런데 스마트폰을 사용하거나 게임을 하다가 자기 조절 능력을 발휘하는 것은 하늘의 별 따기입니다. 부끄럽지만 어른인 저도 그렇습니다. '이것만 보고 해야 할 일 해야지, 이것만 보고 자야지.'라고 생각하는데, 실천하기 힘이 듭니다. 드라마나 웹툰을 볼 때면 다음 내용이 궁금해서 새벽까지 들여다본 경험이 모두 있으시지요? 어른들도 힘든데 아이들에게 스스로 조절해 보라고 하는 것은 어불성설입니다.

아이에게 스마트폰을 최대한 늦게 사 주고 게임을 하지 못하게 막는다면 고민은 해결될까요? 어느 정도는 해소되겠지만, 쉽지 않습니다. 주변 아이들은 모두 가지고 있어서 나만 소외된다는 말을 들으면 걱정이 됩니다. 또한 집에서 막는다고 해도 게임을 못할 아이들이 아니지요. 오히려 거짓말만 늘어나 다툼이 생길지도 모릅니다. 그래서 아이들과 스마트폰 사용과 게임 규칙을 정하고 규칙대로 사용할 수 있도록 함께 점검하는 과정이 필요합니다. 가상 세계에서 완전한 독립성을 주지 않도록 말입니다. 교실에서 아이들은 가끔 자신의 비밀을 말해 주곤 합니다.

"선생님, 이거 비밀인데요. 저 어제 몰폰(몰래 휴대전화 사용) 했어요."
"아이고…. 몇 시에 잤는데?"
"12시요! 엄마한테 절대 말하시면 안 돼요. 자기 전에는 휴대전화 안 하기로 했단 말이에요."

잔소리하고 싶은 마음이 굴뚝같습니다. 그래도 자기 전에 휴대전화를 사용하면 좋지 않다는 사실은 알고 있으니, 부모님과 한 약속은 꼭 지키자고 말해줍니다. 대부분 부모님도 스마트폰 사용에 경각심을 가지고 규칙을 제시합니다. 그런데 규칙이 있더라도 점검의 과정이 없다면 위와 같은 일이 생깁니다. 10시 이후로는 스마트폰을 보지 않기로 했다면 충

전하는 구역을 거실에 두어 거실에서 스마트폰을 보관할 수 있습니다. 또는 앱을 이용하여 휴대전화를 잠금 상태로 변경할 수 있지요. 게임도 마찬가지입니다. 어떤 게임을 어떤 방식으로 하고 있는지 관찰한 후에 필요한 제한 사항을 아이와 나눌 수 있습니다. 재은이 같은 경우에는 '모르는 사람과는 채팅하지 않기'를 규칙으로 세우면 좋겠지요. 스마트폰도 게임도 사용 습관을 점검하며 지혜롭게 사용할 수 있도록 도움을 주면 좋겠습니다.

2부

다섯 가지 가치로
아이의 마음 정원을
가꿔요

감사, 정직, 나눔, 공정 그리고 존중

가치 잡이라는 말을 들어보셨나요? 우리나라에서는 아이가 태어난 지 1년이 되면 돌잡이를 합니다. 판사봉, 연필, 실, 지폐, 악기 등 돌잡이 물건을 준비하고 아이가 어떤 물건을 잡는지에 따라 미래를 점쳐보지요. 그런데 요즘은 이 돌잡이 대신 가치 잡이를 준비하는 가정이 생겨나고 있습니다. 가치 잡이는 돌잡이 물건 대신 겸손, 사랑, 용기, 정직, 배려 등 가치를 자수로 새기거나 카드에 적어 준비합니다. 그리고 아이에게 가치가 적힌 자수나 카드를 잡게 하지요. 아이가 다양한 가치를 중요하게 여기는 사람으로 자라기를 바라는 부모님의 마음을 담고 있습니다. 어색하긴 하지만 아이가 가치 있는 삶을 살기를 바라는 부모님의 마음이 얼마나 큰지 알 수 있는 대목이기도 합니다.

초등학교에서 이 가치를 가르치는 교과가 있습니다. 바로 도덕입니다. 그런데 쉬우면서도 제일 어려운 수업이 바로 이 도덕이지요. 아이들이 이론적으로는 알고 있지만 배운 내용을 행동의 변화로 연결하기는 어렵기 때문입니다. 한 단원 동안 감사를 배웠지만 생활 속에서 "감사합니다."라는 말을 꾸준히 사용하는 것으로 이어지지는 않습니다. 공정에 대해 배웠지만 관계 속에서 공정하게 행동하기는 어렵지요. 협동을 배웠지만 여전히 나 혼자 하는 것이 편하고 쉽습니다. 가치는 도덕 시간에 잠깐 배우고 습득되지 않습니다. 오랜 시간 동안 몸으로 익혀야 하지요. 이 장에서는 감사, 정직, 나눔, 공정 그리고 존중이라는 다섯 가지 가치를 아이들과 어떻게 나누고 익힐 수 있는지 이야기하고자 합니다.

§ | §

감사의 반대말은 무엇일까요

감사는 아이들이 삶을 바라보는 시각을 완전히 뒤바꿉니다. 긍정적인 방향으로 말이지요. 저는 우리 아이들이 행복하게 살아가기를 바랍니다. 그리고 그 행복한 삶의 기초에는 상황을 바라보는 긍정적인 시각이 있습니다.

감사에 관해 이야기하기 전에 아이들과 나누는 한 가지 질문이 있습니다. 함께 생각해 보셨으면 합니다. 감사의 반대말은 무엇일까요?

"감사 안 한다요."
"화나는 거요."
"사감 아니에요?"
"안 감사하다!"

"분노요."

"짜증이요!"

아이들의 재치 있는 답변이 인상적이지요? 안타깝게도 모두 오답입니다. 감사의 반대말은 바로 '당연함'입니다. 아이들에게 정답을 말해 주면 처음에는 어리둥절해합니다. "선생님 갑자기 당연함이라니요?" 하고 말이지요. 설명을 이어 가면 그제야 아이들의 표정이 바뀝니다.

"너희가 당연하게 여기고 있는 것들이 있니?"

"학교에 오는 거요."

"밥을 먹는 거요."

"친구랑 쉬는 시간에 노는 거요!"

"그래. 그 당연하게 여기는 것에 대해 감사할 수 있겠니?"

"아니요. 그냥 당연한 거니까…."

"맞아. 만약에 어머니께서 아침 식사를 차려주셨다고 해 보자. '엄마가 아침 챙겨주는 게 당연하지!'라고 생각하면 어머니께 감사할 수 있을까?"

"아 그렇구나. 당연하게 생각하지 않아야 감사할 수 있다는 것이죠?"

"그렇지! 역시 하나를 알려 주면 열을 아는구나! 당연하게 생각했던 일을 바꾸어 생각해 보면 감사할 일이 된단다. 건강하게 학교에 올 수 있는 것도 감사하고, 쉬는 시간에 친구와 놀 수 있는 것도 감사할 수 있는 거지."

당연하게 생각하면 감사할 수 없습니다. 감사할 일이 있어야만 감사한 것이 아니라 마음속에 자리 잡은 당연함을 내려놓을 때 감사할 수 있습니다. 제게도 당연함을 내려두는 과정이 쉽지만은 않았습니다. 사실 저는 감사의 언어보다 불평과 당연함의 언어를 더 많이 사용하는 사람이었습니다.

지하철이 방금 떠나가면 "아 방금 지하철 지나갔다. 7분이나 더 기다려야 하잖아."

놀러 간 곳에서 예상보다 많이 걸어야 하면 "너무 힘들다. 이렇게 많이 걸어야 한다니."

비가 쏟아지는 날이면, "비 때문에 너무 눅눅하다. 왜 하필 걸어야 하는 날에 비가 오는 거야."

배가 고픈 상황인데 음식점에 기다리는 사람들이 있으면,

"사람 너무 많다. 얼마나 더 기다려야 하는 거야?"

　하고 말했지요.

　그런 제가 바뀐 것은 감사 일기를 쓰면서부터였습니다. 2018년 3월의 어느 날, 언제나처럼 교회에서 예배드리는데 목사님이 하루 동안 감사했던 일을 자기 전에 기록하라고 권하셨습니다. 속으로 '누군가는 하겠지.' 하며 한 귀로 흘리고 있는데 한 마디 덧붙이셨지요.

　"지금 '누군가는 하겠지.'라고 생각하셨다면 그분에게 하시는 하나님의 말씀이라 믿습니다."

　그렇게 그날부터 시작한 기록은 제 삶을 바꿨습니다. 처음에는 무엇을 감사해야 할지도 몰랐습니다. 감사할 일이 없었지요. 그냥 매일의 삶을 보낼 뿐이었습니다. 그래서 밑도 끝도 없이 그냥 감사하다고 적은 날도 있었습니다. 그런데 시간이 지나며 점점 매일의 생활 속에서 감사함을 '찾기' 시작했습니다. 저녁에 일기를 쓰기 위해서였습니다. 버스가 제시간에 온 것, 친구들과 맛있는 저녁을 먹을 수 있는 것, 내 방이 있는 것, 컴퓨터가 있는 것…. 그리고 당연함에서 벗어나 감사함을 찾는 습관은 감사할 수 없는 상황에서도 감사하는 법을 연습하게 했습니다.

지하철이 방금 떠나가면 "방금 지하철 지나갔다. 힘들었는데 잠시 앉아서 기다릴 수 있겠네."

놀러 간 곳에서 예상보다 많이 걸어야 하면, "요즘 잘 못 걸었는데 건강해지겠네. 감사하다."

비가 쏟아지는 날이면, "요새 가뭄이라고 하던데 오랜만에 비가 오네. 감사하다."

배가 고픈 상황인데 음식점에 기다리는 사람들이 있으면, "밥을 얼마나 더 맛있게 먹으려고 기다리나!"

감사의 말은 긍정적인 생각과 삶의 태도를 이끌었습니다. 이런 제 삶의 변화가 믿기지 않지만, 그 변화가 참 좋습니다. 물론 여전히 감사하지 못하는 순간도, 불평하고 속상해하는 순간도 있습니다. 그래도 이제는 의식적으로라도 감사의 말로 나아갈 수 있으니 얼마나 감사한지요.

〈유 퀴즈 온 더 블럭〉 프로그램에서 송혜교 배우님이 감사 일기에 대해 나눈 이야기가 참 공감되었습니다.

첫날 저녁에 감사한 것 10가지를 적으려고 하는데 한 개도 생각이 안 나는 거예요. 그래서 '나 감사한 게 없는데 뭐가 감사하지?' 하고 한참 고민하다가 선생님께 연락드렸어요. 어떤 감사를 적어야 하냐고 물으니, 선생님께서 말씀하셨어요.

"혜교야 오늘 날씨가 좋은 것도 감사하고, 밥을 먹은 것도 감사하고, 너의 반려견이 건강한 것도 감사하고, 예쁜 꽃을 보는 것도 감사하고 얼마나 많니?"

이렇게 말씀하시는데 진짜 머리가 띵 하더라고요.

어쩌면 일상에서 마주하는 작은 감사의 순간들도 우리는 당연함이라는 벽 뒤에서 잃어버리고 있는지 모릅니다. 제가 느꼈던 이 변화를 아이들도 누릴 수 있기를 바라며 학급에서도 감사 일기를 쓰기 시작했습니다. 종교적인 이유는 빼고, 쓰기 교육의 효과는 더했지요. 감사 일기를 쓰며 아이들도 "감사한 일이 없어요!" 하고 괴로워합니다. 제가 그러했듯이 말입니다. "당연하게 생각했던 것에서부터 관점을 바꿔보렴. 감사한 일을 찾을 수 있을 거란다." 하고 말해 주며 기다리는 수밖에 없습니다. 그렇게 기다리다 보면 멋진 글을 써옵니다. 급식 시간에 맛있는 음식이 나와 감사하다는 내용, 등교하는 길에 만난 교통 도우미님께 감사하다는 내용, 동생과 매번 싸우지만 동생이 있어서 감사하다는 내용까지 생활 속에 당연함을 지우고 감사를 적습니다.

글로 쓰기 어렵다면 말로 하면 됩니다. 처음에는 의식적으로 노력해야 합니다. 특히 아이들이 감사의 말을 배우려면 일관되게, 자주, 반복해서 보여주어야 하지요. 대중교통을 타고 내릴 때, 가게에서 나올 때, 아이가 부탁을 들어주었을 때, 가족끼리 도움을 주었을 때…. 힘든 상황에서 "감사하다!"는 말을 하기에 어려울지도 모릅니다. 그러나 아이와 함께 "그래도 감사하다."고 나누어봅시다. 그 순간들이 쌓여 아이에게 긍정적인 삶의 태도를 길러줄 것입니다.

정직할 수 있는 용기

"우리 각 팀의 점수를 내봅시다. 볼링 규칙은 기억하지요? 여섯 개의 핀 중에 쓰러트린 핀만큼이 점수가 됐어요. 그렇다면 스트라이크는 몇 점이었죠?"

"10점이에요."

"스페어 처리를 했다면 몇 점으로 계산할까요?"

"8점으로 계산해요."

"1 모둠부터 팀 합산 점수를 말해 주세요."

"23점이요."

"13점이요."

"15점이요."

"20점이요."

"28점이요!"

"선생님 근데 5 모둠은 다 끝났는데도 계속 다시 시도했어요."

"정수가 또 거짓말해요."

"정수야 우리 팀 28점 아니잖아. 18점이잖아."

"아니 네가 28점이라고 해서 난 28점이라고 말한 것뿐이야."

　즐겁게 체육 시간을 마치고 결과를 나누는데 복작복작 소란스러워졌습니다. 팀원들이 각자 2번씩 공을 굴려 얻은 점수를 더해 계산하는데, 정수가 속한 팀의 점수가 논란이 되었습니다. 정수가 핀을 잘못 세웠다는 이유로 계속해서 다시 시도한 모습이 다른 모둠 친구들에게 관찰된 것입니다. 거기다가 모둠 친구들이 알고 있는 점수와 다르게 이야기해서 5모둠 전체가 거짓말한 상황이 되어 버렸습니다.

　이와 비슷한 상황이 이전에도 몇 번 있었습니다. 윗몸일으키기 활동에서 등이 바닥에 닿지 않아도 횟수를 세거나, 패스를 한 번에 받아야 하는데 바닥에 떨어뜨리고도 그대로 게임에 참여한 일이었지요. 처음에는 같은 팀 친구들도 이기고 싶은 욕심에 덩달아 거짓말을 했습니다. 그런데 몇 번 반복되며 이제는 같은 팀 내에서도 "이건 아니다."라고 이야기하기 시작했습니다. 우승했어도 뭔가 찝찝하고, 친구들에게 떳

떳하지 않은 이상한 마음을 느꼈기 때문이었지요.

어떤 사람이든 정직할 수 있지만, 모든 사람이 정직할 수 있는 것은 아닙니다. 정직함에도 용기가 필요합니다. 때로는 정직하게 말하는 것이 당장 내가 이루고 싶은 목표를 방해하는 것처럼 보입니다. 숙제를 다 했다고 거짓말하면 약속한 게임을 할 수 있는데, 정직하게 말하면 게임을 할 수 없습니다. 수학익힘책을 베끼고 다 풀었다고 거짓말하면 공부하느라 힘을 들이지 않을 수 있는데, 베꼈다고 정직하게 말하면 선생님께 혼이 나면서 다시 풀어야 하지요. 야구에서 세이프라고 거짓말하면 우리 팀이 이길 수 있는데, 정직하게 아웃되었다고 말하면 팀이 경기를 지게 될 수도 있습니다. 그래서 정직해지기 위해서는 용기가 필요합니다. 때로는 내 잘못때문에 혼이 날 수 있는 용기, 패배를 인정할 수 있는 용기, 내가 하고 싶은 일을 내려놓을 수 있는 용기 말입니다.

진형민 작가님의 『소리 질러, 운동장』에는 정직함 때문에 어려움을 겪는 주인공 김동해가 등장합니다. 야구를 사랑하는 동해는 학교 야구부 소속이었습니다. 그런데 시합에서 자기 팀에 불리한 판정이 옳다고 정직하게 말한 일 때문에 그토록 좋아하던 야구부에서 쫓겨납니다. 정직했기 때문에 팀의 동료들에게 비난을 받았습니다. 『소리 질러, 운동장』온 책 읽기를 하며 아이들에게 물었습니다.

"우리 가슴에 손을 얹고 생각해 보자. 내가 동해의 입장이었다면 우리 팀에게 불리한 진실을 말했을까, 우리 팀에게 유리한 거짓을 말했을까?"

"어휴 선생님 저는 정직하게 못 말했을 것 같아요. 거기서 어떻게 정직하게 말해요?"

"그냥 눈 딱 한 번만 감으면 되는데. 아무도 못 보고 저만 본 거라면 전 우리 팀에 유리하게 말할래요."

"근데 거짓말했다면 계속 생각날 것 같아요. 마음이 너무 찔릴 것 같아서 전 정직하게 말할래요."

"정직하게 말했다가는 친구들이 다 뭐라고 할 게 뻔한데 어떡해요. 그냥 못 본 척 아무 대답도 안 할 것 같아요."

가슴에 손을 얹고 말해서인지, 정직하게 말하는 김동해의 영향을 받은 건지 아이들도 마음을 터놓고 이야기를 시작했습니다. 대부분이 정직하게 말하기 힘들다는 생각이었습니다. 모든 상황이 이야기처럼 극적인 상황은 아니겠지만 이처럼 정직함에는 용기가 필요합니다.

반대로 말하자면, 용기만 가진다면 정직할 수 있습니다.

"오늘 수학 활동지 41번, 51번, 61번까지 풀어오기로 했었지? 책상 위에 페이지 펴서 올려주세요. 선생님은 돌아다니며 눈도장 찍겠습니다."

우리 반에는 숙제가 거의 없습니다. 학교에서 그날 해야 할 활동을 다 하고 하교합니다. 가끔 예외적으로 숙제가 있는 때도 있는데, 가족들과 이야기해야 하는 과제이거나 수학 연산 연습이 필요할 때입니다.

"제가 다 풀었는데 집에 두고 왔어요. 진짜예요."

"선생님 그게 학교 숙제 있다고 했는데 엄마가 학원 숙제부터 다 하라고 해서…."

"학교 오자마자 풀려고 했는데 오늘 감사 일기를 늦게 썼어요…."

"제가 활동지를 잃어버렸어요."

그날도 여러 가지 핑계들을 들으며 '나의 책임'에 관해 이야기하고 있었는데 귀에 꽂히는 말 한마디가 있었습니다.

"선생님, 죄송해요. 제가 다 못 풀었어요. 쉬는 시간에 선생님 옆에 가서 다 풀고 놀게요."

핑계도, 거짓말도 없는 정직한 말. 혼날 것을 각오하고 낸 용기 있는 말. 자신의 실수를 인정하고 책임지는 행동으로 이어진 말이 그 아이를 다시 보게 했습니다.

정직하면 손해만 볼 것 같습니다. 정말 그럴까요?

우리가 1등이 아니라고 말한 정수의 팀원들은 정직했기에 다른 친구들의 신뢰를 얻었습니다.

『소리 질러, 운동장』의 김동해는 그의 정직함의 가치를 알아봐 준 친구들이 생겼습니다. 어떤 팀이 이기는지가 아니라 그것이 정직한 판정인지에 집중한 동해가 있어서 야구 경기가 깔끔하고 재미있어졌습니다.

수학 활동지를 다 못 풀었다고 말한 우리 반 아이는 정직했기에 선생님의 신뢰를 얻었고, 자기 행동을 책임질 기회를 얻었습니다.

당장의 승리나, 혼이 나는 순간을 회피하는 것보다 훨씬 값지고 소중한 것들입니다.

그런데 아이들은 거짓말을 합니다. 성장 과정에서 자연스럽게 나타나는 현상이지요. 이럴 때는 먼저 아이가 거짓말할 기회를 주지 않도록 질문합니다. "숙제는 다 했니?"라고 물으면 아이들은 하지 않았더라도 "네."라고 대답할 수 있습니다. 그러니 "숙제 다 했니?" 대신 "오늘 풀기로 한 활동지 숙제 가져와 보렴." 하고 이야기합니다. 정직해야 한다며 씨름할 필요 없이 아이가 가져온 숙제를 확인하면 됩니다. 다 완성되어 있지 않으면 그 자리에 앉아 숙제하도록 도울 수 있지요. 이미 확실히 아이의 잘못을 알고 있는 경우도 마찬가지입니다. 미리 연락 없이 학원에 빠진 아이에게는 "오늘 학원 갔니, 안 갔니?"보다 "오늘 네가 학원에 안 갔다고 선생님께 연락이 왔어. 엄마는 네 걱정도 되고 화도 나는구나. 무슨 상황이었는지 설명해 줘."라고 이야기할 수 있습니다.

아이가 당장의 거짓말보다 정직함을 택하려면 거짓말한 것보다 정직함이 더 낫다는 경험을 해야 합니다. 만약 아이가 휴대전화 게임을 하다가 아이템을 결제했습니다. 결제된 요금을 보신 부모님이 솔직하게 말해 보라고, 혼내지 않겠다고 하셨지요. 그래서 아이는 5만 원을 결제했다고 정말 솔직하게 말씀드렸습니다. 혼을 내지 않으려고 했는데 분노를 숨길 수 없었던 부모님께서 화를 내셨다면, 아이가 다음번에 정직할 수 있을까요? 아닙니다. 정직해도 혼이 났으니, 거짓말로 최대한 숨겨보려고 할 것입니다. 정직하게 고백했을 때 아이가 '내가 한 행동은 정말 잘못했지만, 잘못을 인정하고 정직하게 고백했으니 넘어갈 수 있는 것이다.'라는 생각으로 이어져야 정직하기를 선택할 수 있습니다.

정직하다고 손해 보지 않습니다. 당장에 잃은 것보다 앞으로 얻을 것들이 더욱 많지요. 우리 아이들이 정직의 가치를 알아볼 수 있는 눈을 가지게 되기를 바랍니다.

§ 3 §

나눈 후에 채워지는 마음

"애들아, 오늘 선생님이 너희에게 물어볼 게 있어. 우리 반에 있던 세 가지 보드게임인데, 모습이 어때 보이니?"

"상자가 너무 부서져 있고 망가졌어요."

"보드게임이 불쌍해요."

"그렇지. 보드게임이 너무 망가져서 선생님이 챙겨왔어. 교실에 있는 보드게임들은 선생님이 해 보고 재미있거나, 많은 추천을 받아서 소중하게 간직해 오고 있는 거야. 보드게임을 가지고 놀 때 선생님이 소중하게 여기는 것이라는 걸 기억해 줬으면 좋겠어. 너희의 선배들도 그렇게 해 왔기 때문에 올해 너희가 가지고 놀 수 있는 것이란다. 그렇게 해 줄 수 있니?"

"네."

"이제 이 보드게임들은 너무 망가져서 보내줘야 할 것 같은데 그 전에 너희한테 물어보려고 가져왔어."

"으악 안 돼요. 저 〈다빈치 코드〉 엄청 재밌게 했단 말이에요."

"제가 제일 좋아하는 보드게임이에요."

"〈스택 버거〉는 진짜 재밌게 하고 있는데. 보내줄 수 없어요."

"그러면 교실에서 친구들이 많이 한다고 하는 게임은 남겨서 수리해요."

"좋아요!"

"그래. 그럼 한번 손 들어볼까? 〈개구쟁이 스머프 사다리 게임〉과 〈스택 버거〉는 많은 친구들이 할 것 같다고 손들었고, 〈다빈치 코드〉는 많이 없구나. 그럼 〈다빈치 코드〉만 보내주고 나머지는 수리해 보자."

"아 선생님 근데 너무 아까워요. 조금만 수리하면 될 것 같은데…. 저에게 주세요!"

"그럼, 제게 주세요! 제가 집에서 잘 가지고 놀아 볼게요!"

"우리 집에 보드게임 하나밖에 없어요! 동생이랑 가지고 놀게요!"

"그럴까? 그 대신 이 보드게임을 잘 수리해서 사용해 줄 수 있는 친구에게 선생님이 나눌게. 나눔에 참여하고 싶은 사람만 손들어보자. 가위바위보 해서 선생님과 같은 거 낸 사람이 나눔 받는 거야."

그날 여러 번의 가위바위보 끝에 보드게임을 나눔 받은 아이의 환호성과 다른 아이들의 탄식이 교실에서 흘러나왔습니다. 보드게임 상자는 다 부서져서 투명한 봉지에 담아서 주어야 했는데도 숫자판이 담긴 봉지를 양손으로 소중히 받아 가는 아이의 모습이 선명합니다. 주는 저도, 받는 아이도 나눔의 기쁨을 누렸습니다.

우리 학교는 11월 축제 기간에 나눔 마당이 열립니다. 2024년부터 시작한 나눔 마당은 구매했지만 사용하지 않는 물건들을 나누며 환경 보호를 실천하자는 의식에서 마련됐습니다. 싼 값에 물건을 사고팔지 않고 '나눔'을 한다는 기획을 들었을 때는 가능할까 싶기도 했지요. 공짜로 나누는 일에 아이들이 참여할지 의문이 들었지만, 행사의 취지를 설명하며 함께 하자고 독려했습니다. 그런데 놀라운 일들이 일어났습니다. 값을 받을 수 없는 데도 자신이 사용하지 않는 물건들을 가방에 꽉 채워서 가져오는 아이들이 생겨났습니다. 얼른 자기 물건을 나누고 싶다며 설레는 마음을 나누는 아이도 있었습니다. 옆 반에는 자기 방을 청소했더니 나눌 물건들이 많이 생겼다는 아이가 나오기까지 했습니다.

아이들은 가지고 싶은 물건이 있을 때 "이거 얼마예요?"가 아니라 "이거 나눔 받을 수 있어요?"라고 물었습니다. 나누는 사람도 "이거 천 원이에요."가 아니라 "네! 그럼요. 잘 사용하세요."라며 흔쾌히 내주었지요. 나눔 마당을 마치고 다음번에는 가지고 온 물건들을 다 나누어 보겠다며 다짐하는 아이도 있었습니다. 나눴던 아이도, 나눔 받은 아이도 그 시간을 즐겁고 기쁘게 기억했습니다.

꼭 물건이 아니더라도 자신이 가지고 있는 재능이나 시간을 나눌 수도 있습니다. 수학 시간에는 종종 친구 옆에서 문제를 푸는 방법을 열심히 설명해 주는 아이들이 보입니다. 문제의 답을 직접적으로 알려 줄 수는 없고, 친구가 도움을 요청했을 때 풀이의 과정을 돕습니다. 가끔은 둘이 앉아서 한참을 끙끙댑니다. 그러다 문제 풀이를 이해하는 '아하!'의 순간이 오면 도움을 준 친구의 속 시원한 표정이 눈에 들어옵니다. 나눔의 기쁨을 누리는 순간이지요. 이게 나눔의 힘입니다. 내 것을 나누었을 때 보내주는 애틋함과 다른 사람에게서 더 잘 사용될 생각에 후련한 마음. 필요한 물건을 사지 않아도 받을 수 있다는 기쁨. 내가 가진 물건이나 능력을 나누었을 때 느끼는 뿌듯함.

물론 모든 아이가 적극적으로 나누고자 하는 것은 아닙니다. "선생님, 꼭 나눠야 해요?", "나눔만 받아도 되나요?", "왜 나눠야 해요? 그냥 나눔 받기만 하면 제일 좋은 거 아니에요?"라며 나누는 것보다 나눔 받는 기쁨만 누리려고 하는 아이도 있었지요. 나눌 때 손해를 본다고 생각할지도 모릅니다. 당장 내 것이었던 물건의 개수가 줄어들거나, 내가 하고 싶은 것을 하며 쉴 수 있는 시간이 줄어들 수도 있기 때문입니다.

왜 이렇게 아이들의 반응이 극명하게 다를까요? 다양한 이유가 있겠지만 저는 나눔의 기쁨을 경험해 보지 못했기 때문이라 생각합니다. 나누었을 때 기쁨을 느껴보지 못했으니 왜 나누어야 하는지 이유를 알지 못하는 것이지요. 반면 계속해서 나누는 사람들이 있습니다. 나누는 사람들이 손해 보는 걸 모르기 때문일까요? 바로 나눔의 기쁨을 한 번 맛보았기 때문입니다. 나누었을 때 받는 감사, 고마움의 표현, 후련함…. 그 여러 가지가 나눔을 반복하게 하고 널리 퍼트립니다. 나누어 보지 않은 사람은 알 수 없지요. 이런 나눔의 순환이 우리가 사는 삶을 더욱 풍요롭게 만듭니다. 우리 아이들이 나눔의 기쁨을 경험하며 자랐으면 좋겠습니다.

아이도 쉽게 나눔에 참여하는 방법

1. 잘 입지 않는 깨끗한 옷이나 물건은 굿윌스토어에 기증한다.

아이의 물건 중에서도 이미 작아진 옷이나 사용하지 않는 장난감을 아이가 골라 기증하게 할 수 있습니다. 굿윌스토어는 온라인과 오프라인으로 모두 기증할 수 있으니 편리합니다.

2. 투명한 기부 단체를 확인하여 후원한다.

부모님이 확인한 몇 가지 기부 단체의 선택지 중 아이가 선택한 단체에 후원할 수 있습니다. 저금통을 사용하는 등 아이가 직접 모이는 금액을 눈으로 확인하도록 하면 지속성을 높일 수 있습니다.

3. 아이가 아는 것을 가족 구성원에게 가르쳐줄 기회를 준다.

아이에게 오늘 학교에서 배운 내용을 설명해달라고 하고 경청해서 듣습니다. 알고 있는지 모르고 있는지 점검하기 위해 듣기보다는 오롯이 학생의 입장에서 들어보는 것이지요. 아이가 자신이 배운 것을 다른 사람들에게 나누었을 때의 뿌듯함을 느낄 수 있습니다.

§ ‖ §

같게 다르게 공정하게

공정이란 무엇일까요?

"선생님이 모두에게 멘토스 하나씩을 나눠주시는 거요."

"체육 시간에 심판 볼 때, 두 팀을 똑같이 판정해 주는 거요."

"집안일하고 용돈을 받기로 했을 때, 저와 언니가 똑같이 일했으면 똑같은 용돈을 받는 거요."

맞습니다. 그런데 절반만 맞습니다. 공정이란 쉽게 말하면 '같은 것은 같게, 다른 것은 다르게' 대하는 것입니다. 시각장애를 가지고 있어 가까이서 봐야만 글과 그림이 보이는 사람이 있다고 가정해 봅시다. 그런 사람이 수능을 치러야 하는데, 다른 사람들과 똑같은 평가지 크기와 똑같은 시간을 가지고 평가를 치러야 한다면 어떨까요? 팔이 부러져서 움직이기 어려운 학생에게 다른 학생들과 똑같이 짐을 나누어 들게 한다면요? 두 사례 모두 무엇인가 다른 배려가 필요하다고 느껴집니다. 공정을 쉽게 설명하는 그림이 있습니다.

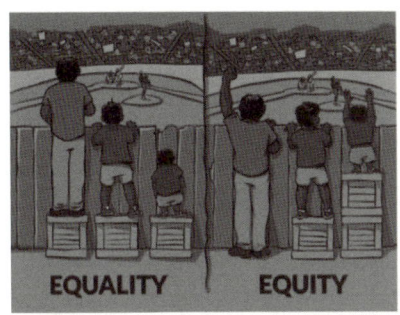

Reproduced with thanks from Interaction Institute for Social Change | Artist: Angus Maguire. Original available from interactioninstitute.org and madewithangus.com

아주 유명한 그림[2]이지요. 야구장에서 키가 모두 다른 세 사람이 펜스 너머의 경기를 보고 있습니다. 평등이란 왼쪽의 그림처럼 모두에게 같은 높이의 나무 상자를 주는 것입니다. 그런데 나무 상자를 받았음에도 여전히 경기를 볼 수 없는 사람이 있습니다. 반면 나무 상자 없이도 경기를 볼 수 있는 사람도 있지요. 공정이란 오른쪽의 그림처럼 서로 다른 키를

2   <Balancing Equity and Efficiency>, FACULTY OF PUBLIC HEALTH (https://www. healthknowledge.org.uk/public-health-textbook/medical-sociology-policy-economics/4c-equality-equity-policy/balancing-equity-efficiency)

고려해 나무 상자를 주는 것을 말합니다. 키가 큰 사람에게는 나무 상자를 주지 않고 키가 작아 보이지 않는 사람에게는 나무 상자 두 개를 주는 것이지요. 이처럼 공정은 다르게 대함으로써 결국 모두에게 야구 경기를 관람할 수 있는 환경을 제공합니다.

아이들에게 공정하지 않은 순간을 물었습니다.

- 심판이 똑같은 행동에 대해 우리 편에게만 페널티를 주고, 다른 팀은 페널티를 주지 않을 때
- 나는 내 책을 동생에게 보여주는데, 동생은 나에게 책을 보여주지 않을 때
- 동생이랑 나랑 같이 잘못했는데 부모님께서 나만 많이 혼내실 때
- 엄마가 동생만 좋아하고 나만 싫어할 때
- 피구할 때 자기 팀이 맞으면 안 맞았다고 우기고, 상대가 공이 스치면 맞았다고 우길 때
- 나이를 이유로 할머니가 언니만 만원 더 많은 용돈을 주실 때

- 엄마가 오빠는 5학년이고, 난 3학년이라고 오빠만 숙제 없애주셨을 때
- 언니가 나를 때렸을 때는 혼나지 않았는데, 내가 언니를 때리면 혼났을 때
- 부모님께서 동생에게는 책을 5권 사 주시고, 나는 1권만 사 주실 때
- 나와 친구가 같은 행동을 했는데도 학원 선생님께서 다른 친구만 칭찬해 주실 때

평소에 담아두었던 마음을 포스트잇에 꾹꾹 눌러 적는 아이들을 보며 웃음이 새어 나왔습니다. 특히 집에서 형제들과 겪는 상황들이 많았습니다. 용돈과 관련해서는 마음 깊이 공감하는 아이들이 많아서 토의 토론으로 이어서 수업하기도 했지요. 그런데 대부분 '같은 것은 같게'에 대해서는 민감하게 반응하는데, '다른 것은 다르게'에 관해서는 깊이 생각하지 않습니다.

지난번 물건 경계를 나눌 때 말씀드렸던 희정이를 기억하시나요? 희정이는 정리 정돈을 어려워했습니다. 등교하면

겉옷과 가방이 주변 바닥에 펼쳐져 있고, 책상 위에는 여러 물건이 넓게 자리 잡고 있었습니다. 아침 인사 전, 희정이에게 입 모양으로 '가방'이라고 말해 주면 그제야 가방을 걸곤 했습니다. 그마저도 몇 교시가 지난 뒤에는 다시 바닥에 놓여 있곤 했지요. 그런데 10월의 어느 날, 아침 인사 전 둘러보니 희정이의 가방이 가방 고리에 걸려있었습니다. 드디어! 놀랍고 벅찬 마음으로 희정이에게 다가가 말없이 손바닥을 내보였습니다. 하이 파이브 하자는 의미이자 제가 칭찬하는 방법이지요. 처음에는 어리둥절해하던 희정이도 곧 제가 손바닥을 내민 까닭을 깨닫고 씩 웃더니 손바닥을 마주쳤습니다. 그랬더니 주변 아이들이 물었습니다.

"선생님 왜 희정이만 손뼉 쳐요?"

희정이에게 친구들과 나누어도 괜찮은지 묻고 설명을 시작했습니다.

"사실 희정이가 가방을 바닥에 두는 습관이 있어서 선생님하고 가방을 가방 고리에 거는 것을 연습하고 있었어. 근데 오늘 아침에는 선생님이 힌트를 주지 않았는데도 희정이가 먼저 가방을 가방 고리에 걸어 정리한 거 있지? 선생님은 너무 감동했어."

그랬더니 도진이가 말했습니다.

"에이. 선생님 그건 원래 다 하는 거잖아요. 저도 그러면 손뼉 쳐주세요."

"맞아. 너희도 이미 잘하고 있지. 선생님도 알고 있어. 그런데 희정이를 칭찬해 주고 싶었던 건 단순히 가방을 거는 행동 때문이 아니라, 자신의 습관을 고치려고 노력한 모습 때문이야. 도진이에게 뛰지 말라고 하지 않았는데, 스스로 걸으면서 이동하면 선생님이 기쁜 것처럼 말이야.(도진이는 복도와 교실에서 뛰지 않고 걷는 것을 함께 연습하고 있었습니다)"

"아하!"

"사람마다 어려워하는 건 다르니까, 그 다른 점을 다르게 대한 거지."

상대방의 다른 점을 보기 시작하면 그 사람을 대하는 방법이 달라집니다. 사소한 일에 기뻐할 수도 있고, 조금 더 관대해지기도 하지요. 평소 달리는 것을 어려워하는 친구가 있다면, 그 친구와 함께 달릴 때는 천천히 뛰게 됩니다. 속도가 느려도 '아 왜 이렇게 늦게 뛰어!'라는 생각보다는 '이 친구는 달리는 것을 어려워하는데 열심히 노력하고 있네.'라고 생각할 수 있습니다. 가위로 선을 따라 자르는 것을 어려워하는 친구를 마주하면 어떨까요. 모둠 활동을 할 때 '이렇게 대충 자르다니! 모둠 활동에 적극적으로 참여하지 않네.'보다는 '이 친구가 가위로 자르는 거 어려워했지. 내가 조금 더 많이 잘라줘야겠다.'라고 생각할 수 있지 않을까요? 감정을 조절하지 못해 화를 몸으로 표현하는 아이가 있다면 '지금 마음 다스리기 어려워하는구나. 시간 지나면 괜찮아지니까 이따 대화해야지.'라고 생각할 수 있습니다. 평소 이해하는 데 시간이 더 걸리는 친구가 있다면, '왜 선생님께서 설명할 때 하나도 안 듣고 지금에서야 말하는 거야?'라는 생각보다는 '이 친구는 시간이 걸리니까 한 번 더 천천히 설명해 줘야지.'라고 생각할 수 있지요.

공정한 세상은 같은 것은 같게, 그리고 다른 것은 다르게 생각하고 도울 때 이루어질 수 있습니다. 물론 어렵습니다. 때때로 어른인 저도 너무 어렵게 느껴집니다. 다른 사람이 나와는 다르다는 사실을 잊곤 하니까요. 차라리 눈에 보이는 어려움이 두드러진다면 쉽습니다. 깁스하고 있거나, 붕대를 감고 있다면 '이 사람이 지금 신체적으로 어려움이 있구나!' 하고 도울 수 있습니다. 그런데 티가 나지 않아도 아픈 사람이 있고, 꼭 아파서가 아니라 우리는 모두 다릅니다. 내가 쉬운 것이 다른 사람에게는 어렵고, 다른 사람에게 쉬운 일이 나에게는 어려울 수 있지요. 우리 모두는 '다르다'는 것을 이해할 때 아이들은 도움을 청할 수도, 도움을 줄 수도 있게 됩니다. 거기서부터 공정이 실현될 것을 믿습니다.

§ **5** §

부모의 권위를 존중하는 아이로 키워요

"왜 엄마는 스마트폰 쓰면서 난 안 된다고 해?"

"아빠는 밤 12시에 자면서 왜 난 10시면 자라고 해?"

"선생님은 엘리베이터 타면서 왜 학생들은 걸어서 오라고 해요?"

"엄마는 화장하면서 왜 나는 화장하면 안 돼?"

아이들은 사춘기가 가까워지면 자신과 주변의 상황을 비교하여 생각을 표현하기 시작합니다. 그러면서 주변의 어른들과 자신의 상황을 비교해서 말하기도 하지요. 한 번은 엘리베이터 사용에 관해 5학년 아이들과 나눈 적이 있습니다.

"선생님, 근데 학생은 특별한 상황을 제외하면 엘리베이터를 못 타잖아요. 근데 선생님은 다 타시던데, 불공평한 것 아니에요?"

"음…. 정말 이유가 궁금해서 물어본 거지?"

"네."

"일단 이 이야기를 하려면 먼저 생각해 봐야 하는 게 있어. 혹시 너희 '왜 아빠는 12시에 자고, 저는 10시에 자야 해요?' 이런 말 해 보거나 들어본 적 있어?"

"네! 저요! 제가 어릴 때 해 봤어요."

"제 동생이 어제 그렇게 말하다가 혼났어요."

"이런 말에는 바로 '저는 부모님의 권위를 존중하지 않아요. 아빠랑 저는 동등한 관계예요.'라는 뜻이 담겨있어. 아버지와 저는 동등한데 왜 둘이 다르게 해야 하는지 묻는 것이거든. 그런데 아버지와 너희가 동등한 관계는 아니지. 아버지는 엄연히 너희의 보호자이시니까. 너희가 동등하다고 말할 수 있는 존재는 누가 있지?"

"친구요?"

"맞아. 비슷한 맥락에서 '선생님은 왜 엘리베이터에 타고, 학생은 안 돼요?'라고 묻는 말에도 선생님의 권위를 인정하지 못하고 선생님과 내가 동등한 관계라는 생각이 담겨있는 거야."

"헉. 죄송해요."

"괜찮아. 몰랐을 때는 실수할 수 있어. 물론 선생님들이 엘리베이터를 이용하시는 여러 이유가 있단다. 건강상의 이유, 무거운 준비물을 준비하는 경우 등…. 그런데 그 모든 이유를 이야기하기 전에 너희가 이 질문에 담긴 속뜻을 알아야 할 것 같구나. 선생님들도 건강이 허락되는 한 교육적인 목적에서 일부로 계단을 이용하곤 하신단다."

사실 사례 속 아이가 어른의 권위를 인정하지 않는 아이는 아닙니다. 그런데 안타까운 이야기지만 가정에서는 부모의 권위를, 학교에서는 교사의 권위를 인정하지 않는 아이의 사례가 많이 있습니다. 어른의 권위가 인정이 안 되니 반항하는 모습으로 나타나게 되지요. 또한 다른 아이들에게도 지속적으로 불편함을 주어 또래 관계가 어려워지기도 합니다. 가정에서 부모는 권위가 있어야 합니다. 가정에서 부모의 권위를 배운 아이들은 학교에서는 교사의 권위를, 사회에서는 어른의 권위를 인정할 수 있습니다. 어른의 권위를 인정할 수 있는 아이는 예의를 갖춰 행동하는 아이로, 그리고 안전한 상황에서 배울 수 있는 아이로 자라납니다. 우리는 성년이 되지 않은 아이를 미성년이라고 부릅니다. 아이는 어른과 동일한 생명이지만 만 19세 이전까지 미성년자로 부모 밑에서 보호합니다. 아직 보호받고 배워야 하는 존재이기 때문이지요. 그런데 이때 부모의 권위, 이어서 어른의 권위를 존중하는 법을 배우지 못한 아이들은 보호받거나 배워야 한다는 사실을 인정하기 어려워합니다. 그래서 사춘기가 오면서부터 크게 엇나가거나, 반항하는 태도를 부모님이 감당할 수 없게 되기도 합니다.

부모가 권위 있다는 것은 폭력을 행사하는 역사 속 왕과 같은 모습은 아닙니다. 부모의 권위는 일관성 있는 단호한 태도와 제한된 자율성에서 나옵니다.

그렇다면 어떤 모습이 일관성 있는 태도일까요? 가족의 따뜻한 일상을 담은 유튜브 채널 '리쥬라이크' 영상 속에서 발견한 예화가 기억에 남습니다. 하루는 4살 아이가 놀고 난 후 놀잇감을 잘 정리하지 않았습니다. 그 모습을 본 엄마가 아이에게 말합니다.

"퍼즐 정리해. 가서 정리하지 않으면 버릴게."

아이가 뭐라고 대답했을까요? "네 정리할게요. 엄마."하고 바로 정리에 돌입한다면 어린아이가 아니지요. "버려도 돼요."라는 아이의 말에 엄마는 곧장 가지고 놀던 퍼즐을 정리하고 아이 눈에서 보이지 않는 곳으로 가져갑니다. 상황을 인식한 아이는 그제야 울면서 엄마께 죄송하다고 말하고 장난감을 돌려달라고 합니다. 그러나 엄마는 아이를 꼭 안아주면서도 놀잇감을 돌려주지 않습니다.

"네 퍼즐은 앞으로 사용할 수 없지만 다음부터는 스스로 정리를 잘해 보자."

아이와 약속한 일은 일관성 있게 지켜야 합니다. 정리를 하지 않으면 버리겠다고 이야기했다면, 정말 정리가 되지 않았을 때 놀잇감을 버리거나 눈앞에서 치워야 합니다. 설령 버리는 것이 아까워 다른 이들에게 주는 일이 있더라도 말이지요. 그러면 아이에게는 '부모님은 말씀하신 것을 정말 지키시는구나.'라는 인식이 생겨납니다. 다음번에 비슷한 상황을 마주했을 때 부모님의 말씀을 따라 행동해야 함을 알게 됩니다. 그러나 기분이나 상황에 따라 변하는 부모의 행동은 아이들에게 권위 있게 보이지 않습니다. '우리 부모님은 말씀하셔도 매번 바뀌어. 결국은 내가 바라는 대로 해 주실 거야.'라는 생각이 자리 잡는 순간 권위는 무너지지요.

　또한 모든 선택이나 의견을 아이의 뜻대로 따르는 것은 아이에게 자율성을 길러주는 것보다 '내 뜻대로 해도 되는구나.'를 알려줍니다. 오히려 아이들이 안전한 선택을 할 수 있도록 제한된 선택지를 주면 좋습니다. 부모님이 아이에게 모두 맞춰줄 필요도 없습니다. 물론 아이들의 건강과 교육을 위해 스마트폰을 가족이 함께 자제하는 분위기를 만들거나, 밤늦게 텔레비전을 보지 않으려고 노력하는 모습은 있을 수 있지요. 부모님의 행동을 보고 아이들은 배우기 때문입니다. 그렇다고 해서 아이들이 하는 모든 행동을 부모님이 똑같이 할 필요는 없습니다.

　사춘기 아이에게 '어른의 권위를 존중해!'라고 말한다고 해서 아이가 쉽게 받아들일 수는 없습니다. 부모의 권위를 알려 줄 수 있는 시기는 어릴수록 좋고, 최대한 늦추더라도 초등학교 저학년 때까지입니다. 아이가 부모의 권위를 어린 시절부터 자연스럽게 받아드릴 수 있도록, 그리하여 안전한 상황에서 배울 수 있도록 도와야 합니다.

3부

건강한 관계에도
기술이 필요해요

친구 관계를 잘 맺는 아이

친구 관계를 잘 맺는다는 것은 무엇일까요? 주변에 친구가 많은 것이나 친구들과 노는 시간이 많은 것만으로는 설명하기 어렵습니다. 인기가 많은 아이가 반드시 친구 관계를 잘 맺는다고 정의 내릴 수도 없습니다. 오히려 인기는 많더라도 친구 관계를 잘 맺지 못하는 아이들도 있지요. 관계 속에서 권력을 잡고 휘두르며 친구를 상처 입히는 경우가 그렇습니다. 아이마다 관계를 맺는 방법, 친구들과 놀이하는 방법은 모두 다르지만, 친구 관계를 잘 맺는 아이들에게는 공통점이 있습니다.

- 친구의 말을 귀담아듣는다.
- 자기주장만 고집하지 않는다.
- 긍정적으로 말한다.
- 다른 사람에게 휩쓸리지 않는다.
- 자신이 해야 할 일을 챙겨서 한다.

‒ 실수를 인정하고 사과를 잘한다.

‒ 긍정적인 자존감을 가지고 있다.

　거창하거나 특별하지 않지요? 그런데 그대로 관계 속에서 실천할 수 있는 아이는 많지 않습니다. 처음이니까 당연하지요. 그래서 이 장에서는 친구 관계를 대하는 마음가짐, 뒷담화, 고자질, 자기 표현, 놀이 방법 등 건강한 관계를 맺는 데 필요한 관계 기술에 대해 이야기하고자 합니다.

나에게 딱 맞는 친구는 없어요

저는 키도 체격도 작은 편입니다. 그래도 작은 키의 매력을 잘 누리며 지내왔지요. 그런 제가 작은 키를 한탄하게 되는 순간이 딱 하나 있는데 바로 옷을 고를 때입니다. 특히 겨울 외투를 고를 때이지요.

오랫동안 입을 코트를 하나 사야겠다고 마음을 먹었습니다. 그런데 여러 매장을 돌아다녀도 고르기가 참 어려웠지요. 색이 마음에 들면 기장이 길고, 기장이 딱 맞으면 디자인이 마음에 안 들고, 디자인이 마음에 들면 어깨가 크고…. 그렇게 코트를 찾아 헤맨 지 3년이 지났습니다. 올해도 찬바람이 불어오기 시작하자 코트 생각이 나서 백화점을 둘러보러 갔습니다. 사실 큰 기대는 하지 않았습니다. 딱 맞는 코트가 아니더라도 대충 수선해서 입어야 하나, 디자인이 마음에 조금 덜 들어도 구매해야 하나 생각하던 중이었지요. 그런데 이게 웬걸! 기대 없이 간 매장에 마음에 쏙 드는 코트가 있었습니다. 팔 기장이 조금 길었지만, 다른 점들이 모두 마음에 들어 구매 후 수선하기로 했습니다. 그렇게 긴 시간 헤맨 끝에 제 코트를 만났습니다.

친구도 마찬가지입니다. 어떤 친구는 나와 취미가 비슷한데 취미 이외에 대화가 잘 이어지지를 않습니다. 또 다른 친구는 집 방향도 비슷하고 대화도 잘 되는데 이미 다른 단짝 친구가 있습니다. 어떤 친구는 공부는 잘하는데 관심사가 너무 달라서 마음이 통하지 않는 듯합니다. 또 어떤 친구는 참 괜찮은 것 같은데 도통 가까워지기가 어렵기도 하지요.

학부모 상담 때마다 빠지지 않고 등장하는 부모님의 고민은 바로 '단짝 친구'입니다. 주변 아이들을 둘러보면 모두 단짝 친구가 있는 것만 같습니다. 우리 아이만 혼자 하교하고 주말에는 무리 지어 놀고 있는 아이들 사이에 끼지 못하는 모습을 보면 걱정이 되기도 합니다. 저는 제 코트를 찾을 때까지 3년이라는 시간이 걸렸습니다. 옷 한 벌도 이처럼 오랜 시간이 걸리는 데 마음 맞는 사람을 찾는 일은 어떨까요? 당장 아이가 단짝 친구가 없어도 괜찮습니다. 마음이 꼭 맞는 친구를 만날 때까지 시간이 조금 걸릴 뿐이지요. 그 시간이 초등학교 시절이 아니라 중학교, 고등학교 혹은 대학교 시절일 수 있습니다. 단짝 친구가 없어도 학교에서 모둠 활동이나 수업을 통해 친구들과 소통하고 있다면 괜찮습니다. 오히려 아이가 무리에 속해야만 한다는 생각이 위험합니다.

우리 반은 매년 문선이 작가님의 소설을 바탕으로 만든 TV로 보는 원작 동화 〈양파의 왕따 일기〉를 시청합니다. 드라마에는 '양파'라는 여자아이들의 무리가 등장합니다. 예쁘고 공부도 잘하는 미희가 중심이 되어 만든 양파는 항상 빨간색 옷을 맞춰 입고, 학교 축제에서는 춤 공연도 하지요. 뭉쳐 다니는 모습과 절친한 사이라는 인식 때문에 양파는 많은 아이가 선망하는 대상이 됩니다. 너도나도 양파에 들어가기 위해 미희에게 잘 보이려고 하지요. 그런데 실상은 다릅니다. 양파에 들어오려면 미희의 허락이 있어야 했습니다. 들어와서도 다시 내쫓기지 않기 위해 미희에게 모든 초점이 맞춰집니다. 아이들은 미희가 사고 싶은 물건을 문구점에서 사

주고, 미희가 싫어하는 아이를 골탕 먹이기 위해 지갑을 대신 훔칩니다. 드라마를 보며 아이들은 '무리'에 대해 객관적인 시각이 생깁니다. 우리 무리에 누구는 들어올 수 있고, 누구는 들어올 수 없다고 제한하는 행동이 폭력이 될 수 있음을 알게 되지요. 무리 안에서 미희처럼 친구들을 대하는 태도는 리더십이 아니라 친구를 물건처럼 대하는 것임을 깨닫습니다. 학교폭력 예방 교육에 제격이지요.

교실에서는 무리가 필요하지 않습니다. 교실은 아이들이 경험하는 작은 사회입니다. 그곳에서 아이는 나와 비슷한 사람도, 나와는 다른 사람도 만날 수 있습니다. 오히려 나와 다른 새로운 친구를 만나기 위해 학교라는 공간이 필요하지요. 그런데 무리 안에 있는 친구만 만난다면 다른 사람들과 교류할 기회가 줄어듭니다. 무리 밖의 다른 친구들을 통해 배울 점을 놓치고 말지요. 오히려 단짝 친구가 없더라도 교실 안에서 친구들과 대화하고, 놀이하고, 모둠 활동에 참여하고 있다면 아이는 잘 해내고 있는 것입니다.

저는 3년 만에 제 코트를 찾았지만 완벽하게 맞는 코트는

찾지 못했습니다. 제가 팔 길이까지 맞는 코트를 찾으려고 했다면 그 뒤로도 3년은 코트를 찾아 헤매거나 결국 체형에 맞게 제작해 주는 곳을 찾아가야 했을 것입니다. 친구도 그렇습니다. 아이들이 원하는 완벽한 친구는 없습니다. 완벽하게 마음이 통하고, 완벽하게 같은 것을 좋아하고, 완벽하게 나만을 바라봐줄 친구는 없지요. 나만 단짝 친구가 없다고 말하는 아이에게 언제 귀한 인연이 찾아올지 모르니 괜찮다고 격려해 주세요. 그리고 지금 곁에 있는 친구와의 관계를 감사함으로 돌아보라고 이야기해 주세요. 완벽하게 맞는 친구는 아니더라도 마음을 나눌 수 있는 친구를 만날 수 있을 것입니다.

§ 2 §

뒷담화에 대응하는 방법

다음 중 어떤 아이가 친구의 마음을 상하게 했을까요?

가람 : 나래에게 라온이의 뒷담화를 했다.

나래 : 가람이가 라온이의 뒷담화하는 것을 들으며 공감해
　　　 주었다.

다솜 : 지나가다가 가람이와 나래의 뒷담화를 듣고, 라온
　　　 이에게 "가람이가 네 뒷담화했어."라고 전했다.

　정답은 세 명 모두입니다. 아이들에게 이 이야기를 들려주
면 열 명 중 아홉 명은 가람이라고 대답합니다. 뒷담화한 아
이만 잘못했다고 생각하기 때문입니다. 친구를 뒷담화하는
것은 분명 잘못된 행동입니다. 당사자에게 돌이킬 수 없는
상처를 주어서이지요. 그런데 우리가 쉽게 간과하는 행동이

있습니다. 바로 뒷담화를 전하는 행동입니다. 뒷담화를 전하는 것은 정의로운 행동이 아닙니다. 친구들이 나를 뒷담화했다는 사실을 알게 된 당사자의 마음을 전혀 생각하지 않은 또 다른 폭력입니다. 진심으로 당사자를 생각했다면 그 자리에서 뒷담화하는 두 아이에게 멈추라고 말해야 합니다. 또는 반복되지 않도록 선생님과 같은 어른에게 도움을 청해야 하지요.

한 번은 고학년 여자아이들 세 명과 위와 비슷한 사례로 상담한 적이 있습니다. 효인이가 친구에게 "승연이가 오늘 학원 안 간대."라고 이야기했습니다. 지나가던 태연이는 효인이가 친구에게 비밀스럽게 이야기하는 모습과 승연이의 이름을 듣고는, 효인이가 승연이의 뒷담화를 한다고 생각했지요. 그래서 곧장 승연이를 찾아가 효인이가 네 뒷담화를 했다며 말해 주었습니다. 화가 난 승연이는 제게 와서 그 사실을 알리고 도움을 청했습니다. 결국 아이들이 모여 대화했고 제각기 자신의 실수를 인정하며 오해를 풀었습니다. 상담을 마치고 나서 아이들과 나눈 이야기가 기억에 남습니다.

"선생님, 왜 선생님께서 뒷담화를 전하면 안 된다는 건지 알겠어요."

"왜?"

"친구를 위한 행동이라고 생각했는데, 괜히 오해만 만들고 친구를 위한 건 아니었잖아요."

"친구가 없을 때 친구 이야기를 하면 뒷담화로 오해받을 수 있다는 것도요."

"그렇지. 이번 기회로 크게 배웠네."

"네. 앞으로 진짜 조심할 거예요."

학창 시절을 겪은 사람이라면 알고 있듯이 친구 관계에서 뒷담화는 치명적입니다. 한 사람의 마음에 지울 수 없는 상처를 남기며 친구와의 신뢰 관계를 무너뜨리기 때문입니다. 말은 하는 사람의 의도와 다르게 전달되거나 왜곡되기도 합니다. 들을 때도 왜곡된 내용을 들을 수도 있지요. 그래서 다른 사람이 없는 자리에서 그 사람의 이야기는 좋든 나쁘든 하지 않는 것이 좋고, 어떤 이야기를 듣더라도 함부로 당사자에게 전하는 것은 위험합니다. 저는 아이들에게 뒷담화에 대응하는 방법으로 아래와 같이 이야기해 주곤 합니다.

1) 당사자가 없는 자리에서 그 사람의 이야기는 하지 않는다.

2) 누군가 친구를 험담하는 모습을 보거나 듣는다면 단호하게 "하지 마."라고 이야기한다.

3) 만약 하지 말라고 말할 용기가 나지 않는다면 이야기 주제를 돌린다. 예를 들어, 누군가가 뒷담화를 시작했을 때 "오늘 급식 뭐 나오지?"라고 말하면 친구들의 생각이 급식으로 옮겨갈 수 있다.

4) 혼자 힘으로 뒷담화를 멈추기 힘들다면 선생님께 도움을 청한다.

5) 절대 당사자에게는 알리지 않는다.

§ 3 §

고자질과 제보 사이

"선생님. 제가 연필 만지지 말라고 했는데, 저 친구가 계속 제 연필 만져요!"

"윤지가 수학익힘책 풀면서 계속 친구한테 답 알려달라고 해요!"

"쟤 복도에서 엄청나게 뛰었어요."

"성주가 책상 위에 낙서해요!"

"서형이가 저는 아령 안 빌려주고 다른 친구는 빌려줘요."

"얘가 제 자를 빌려 갔었는데 엉망으로 돌려줬어요!"

"애들이 도서관에 가서 뛰어다녀요."

"밥 먹고 올라오는 길에 호진이가 저를 밀치고 갔어요."

아침에 아이들을 맞이할 때부터, 집에 가기 직전까지 선생님을 찾는 아이들의 목소리는 계속됩니다. 그중의 많은 이야

기는 위와 같은 고자질입니다. 어떨 때는 '선생님!' 부르는 말
소리에 반사적으로 '고자질인가!' 싶은 생각이 먼저 들기도
하지요.

사실 아이를 사랑하는 마음으로 고자질을 받아 줄 수 있습
니다. 그런데 문제는 이런 고자질이 아이에게 좋지 않다는
것입니다. 먼저 고자질하는 아이는 자신의 문제를 스스로 해
결할 힘이 없어집니다. 자신이 불편한 점을 상대방에게 직접
표현하는 법을 배워야 하는데 항상 선생님이나 부모님께 고
자질하다 보면 내가 스스로 해결하기 어렵게 되지요. 다른
친구들에게는 '이 친구는 고자질하는 아이야.'라는 인식이 생
깁니다. 이 친구를 불편하게 하면 선생님께 고자질할 테고,
고자질하면 선생님께 혼날 것이 분명하니 당연히 같이 놀고
싶지 않아 집니다. 더불어 고자질이 반복되면 학급의 모든
어린이가 고자질하기 바빠집니다. 평화로운 분위기에서 놀
이하거나 학습하지 못하고, 누군가의 잘못이 있나 살피는 것
이 아이들의 주된 일이 되어 버립니다.

고자질이 학교에서만 일어나지는 않습니다. 형제자매가

있는 경우에는 언니가 나에게 욕했다거나 동생이 자신의 물건을 망가뜨렸다고 이르는 일이 비일비재하지요. 그런데 그럴 때마다 부모님이 나서서 언니나 동생을 혼내주면 아이는 스스로 문제를 해결할 기회를 놓치게 됩니다. 아이에게 고자질(이르기)과 제보(알림)를 구분하여 알려 주고, 자신이 문제를 해결해 보도록 도와야 합니다.

고자질과 제보는 다릅니다. 고자질(이르기)은 상대방이 혼났으면 좋겠다는 마음을 품고 선생님이나 부모님께 말하는 것입니다. 반면 제보(알림)는 상대방을 진정으로 위하고 걱정하는 마음에서 비롯됩니다. 제보는 다른 말로 하면 어른에게 하는 도움 요청입니다. 그래서 고자질과 제보를 구분하는 것은 쉽습니다. 아이들이 씩씩대며 찾아오는지, 걱정되는 표정으로 찾아오는지만 살펴봐도 알 수 있지요.

그럼 어떤 상황에서 제보할 수 있을까요? 누군가가 실수한 일이거나, 상황이 위급하지 않거나, 진지하게 그만하라고 요청했을 때 받아들여진 경우는 군이 제보할 필요가 없습니다. 스스로 해결할 수 있는 상황이기 때문입니다. 예를 들어 언니가 내 옷을 입고 간 일이나, 친구가 함부로 내 물건을 만진 것은 위급한 일은 아닙니다. 또 실수로 내 발을 밟았거나, 이미 사과받은 상황도 제보할 필요는 없지요. 쉽게 말하면 '몸과 마음의 안전'에 관련된 것을 어른에게 알리는 것이 제보입니다. 누군가가 학교폭력을 당하는 상황을 봤을 때, 친구가 물건을 훔치거나 커닝하는 것을 보았을 때, 놀이터에서 놀다가 넘어져 팔이 부러진 것 같을 때…. 그럴 때는 어른의 도움을 받기 위해 반드시 제보해야 합니다.

저는 아이들이 마음이 가라앉지 않은 채로 고자질하면 이렇게 묻습니다.

"그랬구나. 이 상황을 해결하기 위해 넌 어떻게 하고 싶니?"

그러면 대부분이 사과를 받고 싶다고 말합니다. 그럼 좋은 의견이라 맞장구치며 가서 사과를 받으라고 말해 주면 됩니다. 그 대신 사과를 요청하고 사과받는 상황을 눈으로 지켜봅니다. 이렇게 어른이 지켜보고 있으면 상대 아이도 상황을 살피고 감정대로 행동하지는 않기 때문에 대부분 문제가 해결됩니다. "선생님이(혹은 엄마가) 말해 주세요."라고 할 때에는 부드럽지만 단호하게 거절합니다. "너의 문제이니 네가 표현하는 거야. 네 상황이나 감정을 선생님이 대신 표현해 줄 수 없단다. 먼저 말해 보았는데도 친구와 대화로 해결되지 않으면 선생님과 함께 대화하자." 하고 말입니다.

이렇게 아이가 스스로 대화하며 문제를 해결하는 경험이 쌓이면 문제 해결 능력이 길러집니다. 학년 초에는 매 쉬는 시간마다 고자질로 찾아왔던 아이들이 이제는 "선생님과 같이 이야기해 볼까?"라고 물어도 "제가 먼저 이야기해 보고요. 만약에 어려우면 선생님께 올게요."라고 대답하는 기적 같은 일이 생겨납니다.

§ ‖ §

상처 난 관계에 필요한 두 가지 약
: 감·사·약, 인·사·약

(상황 1)

"야! 내 물건 왜 만져! 사과해!"

"아니 내가 일부러 만진 게 아니잖아. 실수였다니까?"

(상황 2)

"선생님께서 과학 실험 도구 만지지 말라고 하셨는데 왜 만지는 거야! 내가 너한테 만지지 말라고 몇 번 얘기했는데!"

"나 안 만졌거든."

"너 만졌잖아. 우리가 다 봤는데?"

"(억울하다는 눈빛으로) 근데 너도 그 전에 만졌잖아."

(상황 3)

"…(불편한 표정으로)"

"야 너 재연이에게 당장 사과해."

"내가 왜. 너는 재연이도 아닌데 왜 참견이야."

"재연이 표정 봐봐. 네가 방금 재연이 물통 떨어뜨렸잖아."

"(귀찮다는 표정으로) 미안해. 됐지?"

(상황 4)

"내가 먼저 줄 서 있었는데 네가 사이에 껴서 들어오면서 내 발을 밟았어. 사과해 줘."

"내가 그랬어? 미안. 다음번에는 조심할게."

위의 네 가지 상황 중에서 갈등이 가장 쉽게 해결되는 경우는 무엇일까요? 그리고 우리 아이는 어떻게 대화하고 있나요?

우리 반에는 속상한 일이 있거나 화가 날 때 상대방과 대화하는 방법이 있습니다. '감 · 사 · 약' 그리고 '인 · 사 · 약'입니다. 말다툼하는 아이들을 어떻게 지도해야 하나 고민하고 있을 때 선배 선생님께서 알려 주신 방법이었지요. 바로 '감정 표현하기-사과받기-약속받기' 그리고 '인정하기-사과하기-약속하기'의 줄임말입니다.

	감·사·약		인·사·약
감정 표현 하기	네가 뛰다가 나랑 부딪혀서 아프고 속상해.	인정하기	내가 뛰다가 너랑 부딪혀서 아팠구나.
사과받기	그래서 사과해 줬으면 좋겠어.	사과하기	정말 미안해. 진심으로 사과할게.
약속받기	다음부터 복도에서는 걸어줘.	약속하기	다음부터는 복도에서 천천히 걸을게.

'감 · 사 · 약' 그리고 '인 · 사 · 약'은 불편한 상황에서 내 감정을 정확히 표현하고 갈등이 원활하게 해결되도록 돕습니다. 불편한 상황이 생겨났을 때 첫 번째와 두 번째 상황처럼 "야!"라고 소리치는 순간 상대방은 미안한 마음보다 짜증이 앞섭니다. '왜 나한테 소리치지?', '내가 실수한 건 맞지만 저렇게 할 일인가?' 하는 생각에 감정이 상해 갈등 해결은커녕 다툼이 시작되는 경우가 많습니다. 그렇다고 세 번째 상황처럼 불편한 상황에서 아무 말 하지 않는 것도 적절한 방법이 아닙니다. 자신이 불편한 것을 표현하지 않으면 상대방이 같은 실수를 반복할 수 있고, 내 마음에 부정적인 감정이 눈덩

이처럼 불어날 수 있기 때문이지요. 그래서 적절한 방법으로 내 감정을 표현하는 것이 중요합니다.

그런데 '감·사·약'으로 표현해도 대화가 잘 이루어지지 않아 도움을 요청하는 경우가 있습니다. 자신의 실수를 인정하지 않거나 대충 사과하는 모습 그리고 사과하고도 반복되는 행동 때문입니다. 진정한 사과는 말로만 미안하다고 표현하는 것이 아닙니다. 먼저는 자신의 실수를 인정해야 합니다. 고의는 아니었더라도 나도 모르는 사이에 상대를 불편하게 했을 수 있지요. 그렇다면 "미안해. 내가 고의는 아니었어.", "내가 그랬다면 미안해. 내가 몰랐어."라고 솔직하게 인정해야 합니다. 두 번째 상황처럼 난 안 그랬다며 잡아떼는 동안 갈등은 해결하기 더 어려워지곤 합니다. 둘째로, 사과할 때는 마음을 담아야 합니다. 말에는 비언어적 행동 즉 말투나 행동이 함께 작용합니다. 미안하다고 말하는데 입술을 쭉 내밀고 있다거나, 눈으로 째려보는 것, 비아냥거리는 말투로 말하는 것은 진정한 사과라고 보기 어렵습니다. 오히려 상대방을 기분 나쁘게 할 수 있지요. 셋째로, 사과는 행동으로 이어져야 합니다. 친구가 수업 시간에 노래 부르는 행동이 불편하다고 했는데, 미안하다고 진심 어린 사과를 전하고는 2분 뒤에 똑같은 행동을 반복한다면 어떨까요. '대체 애는 사과를 왜 한 거야. 진짜 미안하긴 한 거야?' 하는 생각이 들지 않을까요? 진정한 사과는 책임지는 행동으로까지 이어져야 합니다.

만약 아이가 제대로 된 사과를 하기 어려워한다면 대화를 멈추게 합니다. 그리고 따로 이렇게 이야기합니다.

"선생님이 느꼈을 때 방금 네 말은 진심이라기보다는 마치 놀리는 듯이 느껴지는구나. 네 마음이 조금 더 정리된 후에 대화하는 게 좋겠다. 조금 있다가 대화하자."

새 학기에는 아이들과 이 대화법을 함께 배우고 연습합니다. 제시된 상황 뒤에 이어질 말을 상상해서 말해 보는 연습도 하고 역할극을 하며 계속해서 말해 볼 수 있게 합니다. 그리고 실제 갈등이 발생했을 때 '감·사·약' 그리고 '인·사·약'으로 대화할 수 있게 곁에서 도와줍니다. 처음에는 시간과 노력이 많이 듭니다. 그러나 그렇게 한 해를 보내면, 담임교사가 개입하지 않아도 아이들이 스스로 속상한 마음을 표현하고 사과를 주고받는 것이 자연스러워집니다. 스스로 갈등을 해결할 수 있는 능력이 생긴 것입니다. 앞 장에서 이야기했던 고자질 하는 아이도 이 방법으로 도울 수 있습니다. 직접 '감·사·약'으로 표현해 볼 수 있도록 기다리면 되지요.

때로 아이들은 사과하는 것이 마치 지는 것처럼 끝까지 사과하지 않고 회피하곤 합니다. 다른 사람의 탓을 하거나 억울하다고 말하지요. 그런데 여기에 오해가 있습니다. 사과하면 지는 것이 아닙니다. 오히려 사과하는 사람은 용기 있는 사람입니다. 자신의 실수를 인정하고, 바꾸어 나가는 데 용기가 필요하기 때문이지요. 아이가 사과하기를 꺼리다가 용기 내어 사과했다면 이렇게 말해 주세요.

"용감하게 인정하고 사과한 네가 자랑스럽다. 실수하지 않는 사람은 없단다. 진정한 사과를 통해 실수도 배움으로 바꾸어 나가면 되는 거야."

연애 이야기로
건강한 관계를 알려 주세요

"선생님, 연애 이야기해 주세요!"

그 한마디에 모든 아이의 눈망울이 엄청난 집중력을 보입니다. 평소에도 그런 집중력을 보여주면 참 좋으련만 하다가도 기대에 찬 눈망울을 보면 무슨 이야기를 해 줄지 고민이 시작되곤 합니다. 자신이 중심이 된 세상에서 살고 있던 1학년과 2학년을 지나면 3학년 때부터는 다른 사람에 대한 관심이 생깁니다.(물론 아이마다 시기는 조금씩 다를 수 있습니다) 내 옆에 친구는 무슨 옷을 입고 있는지, 나에 대해 어떻게 생각할지 다른 사람이 궁금해집니다. 연애에 대한 관심도 바로 그 과정에서 나타나지요. 처음 3학년 아이들이 연애 이야기를 해달라고 했을 때 열 살 어린이도 연애에 관심이 있는 모습에 깜짝 놀랐습니다. 고학년이 되어서야 이성에 관심을 가질 줄 알았는데 너무 빠른 것 같다는 생각도 했지요. 걱정도 되고요. 그런데 이미 관심이 있다면, 그리고 그 관심을 막을 수 없다면 건강한 관계에 대해 알려 주는 것이 필요하겠다는 생각이 들었습니다.

사실 연애도 관계 맺기입니다. 그것도 아주 친밀한 사람과의 관계이지요. 연애는 '잘' 해야 합니다. 저는 가끔 연애 이야기를 빙자한 관계 맺기 수업을 하곤 합니다. 같은 반에서 남자 친구(또는 여자 친구)를 사귀었다가 헤어져 곤란해하는 아이, 좋아하는 티를 많이 내었다가 오히려 상대방을 불편하게 해버린 아이, 고백을 받고 적절하지 못한 방법으로 대처하는 바람에 상대방에게 상처를 준 아이, 상대방에게 휩쓸려 내가 좋아하지 않는 일을 계속해서 같이 하는 아이…. 모든 게 처음인 아이들이 조금 더 성숙하게 관계를 맺어 가는 방법을 배우면 나를 지키며 좋은 관계를 맺어갈 수 있지 않을까요? 우리 아이가 연애에 관심이 있다면, 부모님과 관계에 대해 터놓고 이야기할 수 있는 시간이 필요합니다.

학급 아이들과 나누었던 몇 가지 이야기를 나눕니다.

내가 좋아한다는 사실을 다른 사람에게 알리지 말라

충무공 이순신 장군의 유명한 일화가 있습니다. 임진왜란의 마지막 전투인 노량해전에서 왜적의 총탄에 맞은 이순신 장군은 자기 죽음으로 동요할 병사들을 생각했습니다. 마지막까지도 조선의 앞날을 걱정했던 장군은 "나의 죽음을 알리지 말라."는 말을 남기며 자기 죽음을 숨겼지요. 결국 조선의 수군은 혼란 없이 전쟁에 임할 수 있었습니다.

사랑과 기침은 숨기기 어렵다는 말이 있습니다. 누군가를 좋아하면 티가 나기 마련입니다. 좋아하는 사람에게 마음이 가는 것처럼 눈이 가고, 평소에는 하지 않을 행동을 하기도 합니다. 좋아해 본 적이 있는 사람이라면 누구나 겪어 보았을 자연스러운 현상입니다.

학생 때 오랫동안 알고 지내던 남학생이 있었습니다. 때론 가족처럼, 때로는 친구처럼 지냈는데 어느 순간부터 관계에 미묘한 변화가 생겼습니다. 주변 사람들이 무슨 일만 있으면 둘을 엮어 같은 활동을 하게 하거나 대화의 짝을 지어 주었습니다. "두 사람이 같이하면 되겠다!"라며 뿌듯한 일을 한다는 듯이 말입니다. 이런 일이 반복되니 처음에는 불편했고, 그 불편함은 점점 불쾌함이 되었습니다. 제가 그 사람을 연애 상대로서 어떤지 알아보기도 전에 불쾌함부터 느꼈으니, 결과가 어땠을까요. 결국 에둘러 거절의 마음을 표현하고 그 남학생을 멀리했던 기억이 있습니다.

누군가를 좋아한다면 그 마음을 전해야 할 사람은 '내가 좋아하는 그 사람'입니다. 다른 사람들이 아닙니다. 나를 좀 도와달라거나 내 마음을 숨길 수 없다는 핑계로 당사자가 아닌 사람에게 내 마음을 전하지 말아야 합니다. 다른 사람들은 나의 마음을 온전히 전할 수 없습니다. 오히려 제 사례처럼 상대방의 마음을 닫게 만들지도 모릅니다. 이순신 장군이 전쟁 중의 혼란을 막기 위해 다른 병사들에게 자기 죽음을 숨겼던 것처럼, 상대방이 마주할 관계의 혼란을 막기 위해 다른 사람들에게는 알리지 않을 필요가 있습니다.

가끔 교실에서 소란스럽게 놀던 아이들이 조용해질 때가 있습니다. 바로 진실게임을 할 때입니다. 진실게임의 단골 질문은 단연 이것이지요.

"너 좋아하는 사람 있어?"

"누구야?"

정말 좋아하는 사람이 있다면, 그리고 내가 정말 내 친구의 연애를 돕고 싶다면 묻지도 말아야 하고 대답하지도 말아야 합니다. "이건 정말 비밀인데…." 하고 내 속마음을 입술 밖으로 꺼내는 순간 비밀이 될 수 없습니다. 나를 위함이기도 하지만, 내가 좋아하는 상대방을 존중하는 것이기도 합니다.

열 번 찍어 안 넘어 가는 나무 있다

혹시 좋아하는 상대방에게 마음을 전할 용기가 생겼다면 마음을 전하기 전에 알아야 할 것이 있습니다. 바로 상대방의 NO를 NO로 받아들일 수 있어야 한다는 것입니다. '열 번 찍어 안 넘어 가는 나무 없다.'는 속담이 있습니다. 아무리 어려운 일이라도 꾸준히 노력하면 결국 해낼 수 있음을 표현한 말입니다. 그런데 이 말이 언제부터인가 연애를 시작하기 전에 결심하는 말처럼 사용되고 있습니다. '나는 상대방이 받아 줄 때까지 내 마음을 표현할 거야!'라는 마음가짐으로 끊임없이 자신의 마음을 표현하기로 결심하는 것이지요.

상대방이 'NO'라고 표현했다면, 받아들여야 합니다. '한 번 혹은 두 번 더 물어보면 나를 다시 생각하지 않을까?'라는 마음으로 반복하여 표현한다면 상대방의 거절 의사를 존중하지 못하는 행동입니다. 나에 대한 감정이 긍정적으로 바뀐다면 그때 상대방이 표현하면 됩니다.

대답은 분명하게 하자

반대로 나에게 마음을 표현해 준 친구가 있다면 자기 생각을 분명하게 대답해 줄 필요가 있습니다. 한 번은 학급의 한 여자아이가 고민 상담을 요청한 적이 있습니다. 아이는 좋아하는 남자 친구에게 '너를 좋아해. 나랑 사귀자.'라고 쪽지를 보냈습니다. 그런데 며칠동안 답이 없어 나를 좋아한다는 건지, 싫다는 건지, 고민 중인 건지 모르겠으니 답답하고 어색하다는 것이었지요. 다음 날 오전, 때마침 남자 아이가 감사 일기를 나누며 말해 왔습니다.

"선생님, 누가 저한테 좋아한다고 사귀자고 했어요."

이때다 싶어 물었습니다.

"그래서 대답해 줬어?"

"아니요."

"아니면 아닌 거고, 좋으면 좋은 거고. 어떤 판단이든 상대방이 헷갈리지 않게 전달해 줘. 그게 용기 있게 마음을 표현해 준 친구에 대한 예의란다."

헷갈리고 두루뭉술하게 이야기하는 것은 상대방을 위하는 것이 아닙니다. 어떤 방향으로든 감정을 정리할 수 있도록 명확하고 예의 있게 이야기해 주는 것이 필요합니다.

"마음을 표현해 줘서 고마워. 그렇지만 나는 너를 이성 친구로 좋아하지 않아. 미안해. 네가 불편하지 않게 절대 다른 사람에게는 말하지 않을게."

학교에서는 학교생활에 집중하라

5학년 담임일 때의 이야기입니다. 여느 날처럼 감사 일기를 나누고 있는데, 수영이가 이렇게 적어 가져왔습니다.

"주형이랑 연애를 시작했다. 어제 내가 고백했는데 받아주었다. 학교에서 주형이를 보니까 설렌다."

얼마나 설레고 좋은지 글에서조차 애정이 뚝뚝 흘렀습니다. 축하와 함께 이런저런 이야기를 하다가 수영이에게 당부했습니다.

"네가 연애라는 새로운 관계를 경험하게 된 것을 정말 축하해. 그런데 수영아, 네가 꼭 지켜주었으면 하는 게 있어. 아마 학교에 오면 주형이와 대화도 더 많이 하고 싶고, 시간도 더 많이 보내고 싶을지도 몰라. 그런데 학교에서는 학교생활에 집중해 보려고 노력해 줄래? 주형이랑만 노는 게 아니라 놀이시간에는 다른 친구들과도 놀고, 모둠을 정할 때나 짝꿍을 정할 때도 다른 친구와 경험하기 위해 노력해 줬으면 좋겠어. 주형이와는 방과 후에도 시간을 내어 만날 수 있지만 학교에서의 시간은 다시 돌아오지 않거든."

학교에서만 경험할 수 있는 순간들이 있습니다. 연애한다고 해서 그 순간들을 놓치지 않았으면 좋겠습니다.

배울 점이 있는 사람을 찾자

아이들에게 많이 해 주는 이야기 중 하나입니다. 연애를 시작하면 연인은 주변 친구 중 가장 오래 그리고 자주 대화하는 사람일 테지요. 그런데 그런 존재가 책임감도 없고, 다른 사람을 대할 때 예의도 없고, 자신이 해야 할 일을 성실하게 하지 않는 사람이라면 나에게 긍정적인 영향을 줄 수 있을까요? 멋져 보이는 옷을 입고, 세 보이게 말하고, 자기주장을 잘하는 듯이 보이는 사람에게 금방 빠지는 것이 아니라 배울 점이 있는 사람을 볼 줄 알아야 합니다. 이를 위해서는 어떤 행동이나 말이 배울만한 점인지 먼저 기준을 세워두면 좋습니다. 실은 친구 관계에서도 마찬가지입니다. 조건을 따져서 친구를 사귀라는 이야기가 아닙니다. 모든 사람은 각자의 장점이 있습니다. 친구의 어떤 행동이 배울만한 점인지 알아볼 수 있는 눈을 길러야 합니다. 수업 시간에 다른 사

람과 대화하는 친구를 보고 재밌어 보인다고 따라 하는 것이
아니라, 선생님의 말씀에 끝까지 경청하는 친구를 보고 배워
야겠다고 생각하는 것과 같지요.

저는 제 경험담이나, 경험에 상상을 더한 이야기로 아이들
과 연애나 관계 이야기를 나눕니다. 아이들은 선생님이나 부
모님께 실제 있었던 이야기를 들을 때 몰입해서 듣고, 잘 기
억하기 때문이지요. 오늘은 부모님의 연애 이야기를 통해 아
이의 관계 속 고민을 들어보시고 나눠보시는 건 어떨까요?

§ 6 §

질투를 성장의 연료로 사용해요

국어 교과서에 점자에 관한 이야기가 나온 날이었습니다. 수업을 준비하며 이참에 아이들과 장애를 이해할 수 있는 시간을 가지면 좋겠다는 생각이 들었습니다. 존중은 상대방을 아는 것부터 시작합니다. 상대방에 대해 알고 있어야 상대방이 불편해하는 행동은 피하고, 좋아하고 기뻐하는 행동을 할 수 있기 때문이지요. 예를 들어 나의 짝꿍을 존중하기 위해서는 짝꿍에 대해 알아야 합니다. 짝꿍이 자신의 물건을 만지면 불편해한다는 사실을 알고 있다면, 짝꿍의 물건을 만지지 않도록 조심할 수 있습니다. 장애인에 대한 존중도 마찬가지입니다. 그들이 어떤 방법으로 글을 읽고, 듣고, 생활하고 있는지 알면 어떻게 돕고 존중할 수 있을지 고민할 수 있습니다.

학급에서 할 수 있는 활동이 무엇일지 고민하다가 '아꿈선 교육콘텐츠 개발 연구회'에서 개발한 한글 점자의 날 계기 교육 자료를 만났습니다. 자료는 점자가 의약용품이나 음료에 정확하게 표시되어 있지 않아 시각장애인들이 불편함을 겪고 있다는 내용을 담고 있었습니다. 그리고 보니 많은 캔 음료에 '음료', '탄산' 등의 표기만 되어 있을 뿐, 음료수의 구체적인 이름이 쓰여 있지 않다는 뉴스 기사를 본 것이 떠올랐습니다. 삶과 맞닿을 수 있는 시간이 될 것 같아 '아꿈선 교육콘텐츠 개발 연구회'에서 개발한 음료에 점자 이름 붙이기 활동을 진행했습니다. 음료수의 모습을 따라 그린 후에 점자로 이름을 표시하는 활동이었지요.

"와! 다현아, 너 음료수 진짜 똑같이 그렸다."

"어디? 봐봐!"

"나도 보고 싶어!"

"와 진짜네. 뭐가 진짜냐."

"글씨까지 똑같이 썼어. 대박."

"진짜 잘 그렸네!"

"얘들아, 선주가 질투한다. 자기가 음료수병 잘 그린다고 생각했었는데 다현이가 잘 그리니까!"

"아니거든!"

활동 중에 음료수를 정말 똑같이 따라 그린 다현이의 그림이 눈에 띄었습니다. 순식간에 아이들이 다현이의 자리로 우르르 몰려들어 이야기를 나눴습니다. 다현이의 그림을 보고 자리로 돌아가는 선주를 향해 "너 질투하지?"라고 말한 도현이에게 선주는 "아니거든!" 하고 다급하게 외쳤습니다. 마치 시기하거나 질투하면 안 되는 것처럼 말입니다.

우리는 다양한 감정을 가지고 살아갑니다. 질투도 우리의 감정 중 하나입니다. 그런데 질투는 대부분 부정적인 감정으로 여겨집니다. 그래서 질투하는 사람은 속이 좁고 쩨쩨한 것처럼 느껴지기도 합니다. 『감정의 발견』[3]의 저자인 마크 브래킷은 부정적 감정의 존재에 관해 이렇게 이야기합니다.

---

3 『감정의 발견』에서 마크 브래킷은 시기심과 질투를 완벽히 다른 것으로 설명했습니다. 책에 따르면 질투란 어떤 사람을 빼앗길 수 있을 때 느껴지는 관계 속에서의 감정이고, 시기는 다른 사람의 능력이나 행동에 대해 부러워하는 것입니다. 이 글에서 질투로 표시한 감정은 '시기'에 가깝지만, 이해를 돕기 위해 두 감정 단어를 비슷하게 사용했습니다.

"우리 자신이나 아이들의 생활에서 부정적인 감정을 아예 없앨 수는 없다. 그렇게 해서도 안 된다. 하지만 긍정적인 감정의 흐름에 주의를 기울이고 균형을 잃지 않도록 애쓸 필요가 있다."

아이들은 '질투하면 안 된다.'고 생각합니다. 그러나 질투라는 감정을 느끼지 못하고 사는 건 불가능하지요. 질투는 자연스러운 감정입니다. 오히려 질투라는 감정을 연료로 내 능력을 더 기르기 위해 노력할 수 있습니다. 중요한 것은 '어떻게 그 감정을 소화하는가?'입니다. 질투에 사로잡혀서 모든 일에 낙담하는 것은 긍정적인 사용 방법이 아닙니다. "나는 왜 그림을 못 그리지.", "저 친구가 더 잘 그리는 것 같네. 나보다 더 잘하다니 미워!", "에이 난 저만큼도 못 하네. 안 해야겠다." 등 자신을 비하하거나 상대를 미워하게 되는 것, 오히려 완전히 포기해 버리는 것은 질투라는 감정을 잘못 사용하고 있는 것입니다.

질투는 사소한 일상의 순간들에서 나타납니다. 이 책을 쓰고 있는 지금, 저는 100일 초고 쓰기 프로젝트인 '책캉스'에 도전하고 있습니다. 100일 동안 참여하는 연수로, 많은 선생님과 매일 글을 쓰고 SNS에서 인증합니다. 때로는 글을 쓰기 싫은 날도, 오늘은 무엇을 써야 할지 막막한 날도 있습니다. 그럴 때는 SNS에 울리는 알람이 도움이 됩니다.

"2/35(오늘 하루 2쪽 썼고, 전체 35쪽 썼어요)"

"4/45(오늘 4쪽 썼고, 전체 45쪽이에요)"

"시간을 여유 있게 확보하기가 쉽지 않네요. 느리지만 매일 계속해서 써보겠습니다."

"안녕하세요. 저는 오늘 제 생일 선물로 초고를 완성했습니다."

하루 한 쪽 글쓰기도 벅찬데 몇 쪽씩 쓰는 분들을 보면 감탄이 나오곤 합니다. 그리고 그 감탄사 뒤에 질투라는 감정도 빼꼼히 고개를 내밉니다. 그것이 저를 글쓰기의 자리로 가게 만드는 원동력이 됩니다. 그리고 결국은 출판이라는 목표를 달성하게 하는 마중물이 되겠지요. 아마 여러분들이 이 책을 읽고 있다면, 질투라는 감정이 제게 꿈을 이루게 한 셈입니다.

질투를 잘 사용하는 방법은 무엇일까요? 이렇게 생각해 보는 것입니다.

"저 친구 그림 잘 그리네. 좋아, 나도 더 잘해 보기 위해 노력해 봐야겠다. 안되면 어쩔 수 없고! 내가 할 수 있는 만큼만 최선을 다해 노력해 보는 거야."

"매일 바쁜 일상 중에 꾸준히 글을 쓰시는 분들이 있네. 대단하시다. 나도 꾸준히 따라가 봐야지. 나도 초고를 완성할 수 있을 거야."

§ 7 §

노는 법도 배워야 해요

아이가 친구와 놀 때를 관찰해 보신 적이 있으신가요? 저는 학기 초 쉬는 시간이 되면 가능한 아이들이 놀이하는 순간을 놓치지 않으려고 합니다. 관찰하다 보면 아이들은 저마다 노는 방법도 놀이의 기술도 모두 다릅니다. 친구 관계에서 놀이는 매우 중요합니다. 놀이하며 관계가 이어지고 발전되기 때문입니다.

교실 구석에 찾아가 둥글게 모여 앉아 대화하는 아이
책상에 앉아 그림을 그리는 아이
책상에서 종이접기를 하는 아이
이면지를 활용해 칼을 만드는 아이
자신이 만든 작품을 다른 사람들에게 자랑하는 아이
친구들을 모아 보드게임을 하는 아이

보드게임을 하는 아이들을 지켜보는 아이

도서관에서 빌려온 책을 몰입해 읽는 아이

벽에 기대서 스쿼트하거나, 플랭크를 하며 노는 아이

책상 사이를 뛰어다니며 친구를 잡거나 도망가는 아이

친구의 물건을 가지고 가서 자신을 잡게 만드는 아이

문 앞을 서성이는 아이

재미없다며 선생님께 오는 아이

머리를 빗겨 주거나 묶어 주며 미용실 놀이를 하는 아이

인형이나 열쇠고리를 이용하여 역할놀이를 하는 아이

아이들은 무척이나 쉬는 시간을 기다리지만, 정작 그 쉬는 시간을 잘 보내지 못하는 경우도 많습니다. 쉬는 시간을 잘 보내지 못하는 유형은 크게 다섯 가지입니다.

첫째, 정말 무엇을 해야 할지 모르겠는 아이

"선생님, 할 게 없어요. 심부름할 거 없어요?"라며 찾아오는 아이들이 매해 있습니다. 쉬는 시간에 마음껏 친구와 놀이할 수 있는데도 마땅히 할 것도, 하고 싶은 것도 없다는 것입니다. 심지어는 두 명이 함께 찾아와 할 일이 없다고 이야

기합니다. "두 명이니까 둘이 할 수 있는 보드게임 찾아서 해 보면 어때?"라고 제안해도 두 명은 재미가 없다고 하지요. 무엇을 했을 때 즐겁게 놀 수 있는지 자신의 취향을 모르거나, 함께 놀아 본 경험이 적은 아이들이 첫 번째 유형에 속합니다.

둘째, 함께 놀고 싶은데 제안하기에 두려움을 느끼는 아이

두 번째 유형은 학기 초에 많이 나타납니다. "나도 같이할래."라고 말하는 것에 두려움과 불안감을 느낍니다. '거절당하면 어떡하지?', '나와 함께하기 싫다고 생각하면 어떡하지.' 하는 생각들에 혼자 시간 보내기를 선택합니다. 시간이 지나며 학급 친구들과 관계가 쌓이면 "나도 같이 놀자!"라는 말을 하기까지의 장벽이 낮아집니다. 단, 혼자 시간을 보내는 모든 아이가 이 유형인 것은 아닙니다. 어떤 아이는 함께 놀 때보다 혼자 그림을 그리거나 만들기를 하며 쉼을 얻습니다. 아이마다 성향이 다 다르기 때문입니다. 그런 아이에게는 억지로 친구들과 놀라고 강요하기보다는 함께 놀고 싶을 때는 함께 놀 수 있다는 가능성만 열어 주면 충분합니다.

셋째, 상황과 장소에 어울리지 않는 놀이를 하는 아이

운동장이나 놀이터에서는 아이들이 자유롭게 뛰거나 신체활동을 할 수 있습니다. 그러나 교실에서 책상 사이 사이를 뛰어다니는 것은 적절하지 않습니다. 좁은 통행 공간과 밀집된 아이들로 인해 안전사고가 발생할 수 있기 때문이지요. 무엇이든 다 놀이가 되는 것은 아닙니다. 상황이나 장소에 따라 다른 방법으로 놀아야 합니다. 집에서도 마찬가지입니다. 거실이나 놀이방에서 앉아서 하는 놀이는 가능하지만, 층간소음을 예방하기 위해 뛰어다니거나 매달리는 놀이는 불가능합니다. 다른 사람이 나를 쫓아오게 하려고 물건을 숨기거나 가져가는 행동도 마찬가지입니다. 그것은 놀이가 아니라 다른 사람의 경계를 넘는 행동이지요. 교실에서 공을 가지고 놀거나, 소리를 질러야 하는 놀이도 같은 맥락에서 진정 잘 놀고 있는 것이라고 볼 수 없습니다.

넷째, 놀이하면서 계속 갈등이 발생하는 아이

자고로 놀이란 즐거워야 합니다. 그런데 즐거워야 할 놀이 시간만 되면 갈등을 겪는 아이들이 있습니다. 모두 다른 사람들이 모여 있기에 갈등은 당연히 일어날 수 있지요. 그런데 매번 놀이 할 때마다 다양한 아이들과 갈등이 일어나거나, 일어난 갈등을 해결하기 어려워한다면 놀이 과정을 관찰할 필요가 있습니다. 특히 규칙을 지키며 놀이하는지 살펴보아야 합니다. 놀이가 재미있게 이어지려면 규칙을 잘 지켜야 합니다. 보드게임을 할 때는 보드게임의 규칙을 지켜야 하고 술래잡기나 역할놀이에서도 정해진 규칙과 차례를 지켜야 하지요. 이를 어기게 되면 당연히 갈등이 생깁니다. 이 경우 규칙을 한 번에 이해하지 못해 규칙을 어기는 것인지, 규칙을 알고 있음에도 이기고 싶은 마음에 규칙을 지키지 않는 것인지 그 이유도 함께 살펴보면 좋습니다. 또한 함께하는 친구를 지적하거나 비난하는 말을 사용한다면 갈등이 자주 생길 가능성이 높습니다.

다섯째, 무리 안에서만 노는 아이

3학년 하영이는 평소 세 명의 친구와 꼭 뭉쳐서 다녔습니다. 겉으로 보기에는 교우관계도 좋고, 놀이도 잘하는 것처럼 보였습니다. 그런데 어느 날 다른 세 친구가 각기 다른 이유(감기, 체험학습 등)로 결석했습니다. 하영이는 평소 함께 놀던 친구들이 없으니 다른 친구들과 놀이에 참여하지 못했습니다. 무리 안에서만 놀이하는 것을 연습했기 때문입니다. 교실은 다양한 사람들과 만나 소통하는 사회적인 공간입니다. 특히 평소에는 잘 놀아 보지 않을 사람들, 나와는 다르다고 여기는 사람과도 만나보기 위해 학교에 옵니다. 그래서 내가 좋아하는 친구만 만나거나 무리 안에서만 노는 것은 '잘' 놀고 있다고 보기 어렵습니다. 내가 친한 친구와 놀고 있는데 우리 반에 한 친구가 와서 같이 놀자고 한다면 어떻게 대답해야 할까요? 교실 안에서 안정적으로 놀이할 수 있는 아이는 이렇게 이야기합니다.

"좋아. 너는 뭐하고 노는 거 좋아해? 우리 뭐하고 놀까?"

다양한 사람과도 '함께' 놀 줄 아는 힘이 필요합니다.

놀이도 해 봐야 기술이 발달합니다. 내가 어떤 활동을 했을 때 재미있었는지, 여가 시간에 어떤 활동을 하며 놀면 좋을지, 친구와 함께 놀 때는 어떻게 행동해야 갈등 없이 재미있게 놀 수 있는지 등 다양한 기술 습득이 필요합니다. 가족과도 함께 놀 수 있지만, 또래 친구들과 놀 수 있는 시간을 가지는 것과는 다릅니다. 잘 놀지 못하는 아이일수록 사회적 교류와 놀이의 장은 필수적이지요.

담임교사로서 놀이 기술을 길러주기 위해 활용하는 방법은 아래와 같습니다.

매주 월요일에 주말 나누기를 한다

한 주가 시작되는 월요일 1교시에는 친구들과 만나 주말에 있었던 일을 나눕니다. 짝꿍을 바꾼 날에는 짝꿍과 둘이 이야기를 나누기도 하고, 모둠원들과 소그룹으로 만나기도 합니다. 혹은 자유롭게 돌아다니며 많은 친구를 만나기도 하지요. 5~10분 정도의 시간을 주면, 서로의 이야기를 간단히 나눌 수 있습니다. 주말 나누기는 월요일 아침 몽롱하게 등교한 아이들의 몸과 머리를 깨워내기 위함도 있지만, 만나보지 않은 친구와 대화할 기회를 주고자 시작되었습니다. 아이들은 관계가 연결된 사람과 쉽게 놀이합니다. 그리고 그 관계가 시작되는 필수적인 조건은 바로 '대화'입니다. 대화 없이는 상대방이 어떤 사람인지 알 수 없지요. 결국 대화해 보지 않은 사람과는 놀이로 이어지기 어렵습니다. 주말 나누기는 아이들에게 자연스럽게 대화할 기회를 줌으로써 놀이의 대상을 확장할 수 있도록 돕습니다. 실제로 우리 반에서는 주말 나누기를 시작한 후로 무리 사이에 놓인 경계가 낮아지고 함께 노는 분위기가 형성되었습니다. 그저 대화해 볼 시간만 주었을 뿐인데 말입니다.

어른과 함께 보드게임을 시작한다

특히 학기 초에는 아이들이 놀이에 도전하기 어려워합니다. 친구들도, 교실에 놓인 놀잇감도 익숙하지 않기 때문이지요. 아이들을 관찰하다가 자신의 자리에 앉아 고민하는 아이들이 보이면, 평소에 잘 알고 있는 규칙이 간단한 보드게임 하나를 꺼내 말합니다.

"선생님하고 보드게임 할 사람!"

아이들은 선생님과 함께 보드게임을 한다고 하면 일단 흥미를 느낍니다. 무슨 놀이를 해야 할지 몰랐거나, 친구들 사이에 끼어들기 부담스러워했던 아이들도 선생님과 함께하면 부담 없이 놀이 속으로 빠져듭니다. 규칙을 알려 주고 순서에 맞추어 한 바퀴 돌아가면 아이들도 규칙을 파악해 즐겁게 놀이할 수 있습니다. 아이들이 놀이에 익숙해지면 슬쩍 빠져 아이들끼리 놀이할 수 있도록 돕습니다. 선생님과 함께하는 보드게임은 이렇게 놀이에 도전하는 장벽을 낮출 수 있다는 장점이 있지요. 쉬는 시간에 하기 어렵다면 수업 시간에 학습 내용과 관련된 보드게임을 경험하게 할 수도 있습니다. 예를 들어 수학시간에 밀리미터(mm)를 배운 다음에는 〈밀리 메모리〉, 자연수의 혼합계산을 배운 뒤에는 〈파라오 코드〉, 속담이나 역사를 공부한 뒤에는 〈고피시〉 시리즈 등을 활용할 수 있습니다.

이렇게 선생님과 함께 놀이를 경험하면 내가 알지 못하던 새로운 놀이에도 흥미를 느낄 수 있습니다. 그뿐만 아니라 반칙 등으로 발생하는 갈등이 줄어들거나 선생님의 도움으로 갈등이 중재되어 놀이를 끝까지 이어 가면서 즐거움을 누려볼 수 있다는 장점이 존재합니다.

가정에서 적용할 때는 부모님이나 어른들과 함께 보드게임 하기로 변형한다면 아이들에게 도움을 줄 수 있으리라 기대합니다.

놀이에 조건을 제시한다

상황과 장소에 알맞은 놀이를 하도록 도움을 주기 위해서 놀이하기 전 아이들에게 몇 가지 조건을 부여해 줍니다. 예를 들어 교실에서는

1) 우리 반 친구들이 불편해하지 않을 놀이

2) 경계를 넘지 않을 수 있는 놀이

3) 목소리가 발표 목소리를 넘지 않을 수 있는 놀이

라는 조건을 줍니다. 그러면 아이들은 놀이하다가 조건에 어긋나는 상황이 생겼을 때 스스로 조절하거나 놀이 규칙을 변형합니다. 하루는 아이들이 교실 뒤편에서 체스 게임을 하다가 너무 신이 나서 소리를 지르는 일이 반복됐습니다. 아이들과 눈을 마주치고 신호(목소리 조건이 지켜지지 않고 있다!)를 보내니 그때부터 침묵 체스가 시작됐습니다. 아이들 스스로 놀이에 침묵이라는 규칙을 추가한 것이지요. 이렇게 조건을 미리 제시하면 상황과 장소에 어울리는 놀이를 하도록 도울 수 있습니다.

우리 아이가 친구랑 놀기를 간절히 원하는데 어울리지 못한다면 놀이의 경험이 없어서인지, 규칙을 지키는 것에 어려움이 있는지, 인지적으로 규칙을 이해하는 것이 어려운 것인지 등 아이가 놀이에 어려움을 겪는 원인을 확인해서 빠르게 도움을 주면 됩니다. 그런데 아이가 혼자 노는 것이 즐겁다고 한다면 그 아이의 놀이 방식을 인정해 주는 마음의 여유가 필요합니다. 때로는 집에서 혼자 노는 아이들을 걱정하시는 마음에 부모님이 주도하여 친구를 만들어 주시기도 합니다. 아이들이 어릴 때는 친구와 만날 수 있게 부모님이 도와줄 수 있지만, 아이가 초등학교 3학년만 되어도 어른이 친구 관계에 개입하는 것을 원하지 않습니다. 아이가 혼자서 놀이 하는 것을 좋아한다면 잠시 멈추어 아이의 속도를 기다려주어야 합니다. 아이가 다른 사람과 놀기를 원할 때 그 놀이의 시간을 확보해 주면 충분합니다.

4부

초등 공부는
마라톤의
시작점이에요

단거리 달리기와 마라톤

50m 달리기와 마라톤 경기를 보신 적이 있나요? 50m 달리기 선수들은 처음부터 온 힘을 다해 달리기 시작합니다. 그런데 마라톤은 다릅니다. 단거리 달리기보다는 느린 속도이지만 끝까지 달릴 수 있는 페이스를 찾아 달리지요. 출발점에서 출발하는 모습은 여유로워 보이기까지 합니다. 그렇다면 공부는 어떨까요? 단거리 달리기에 가까울까요, 마라톤에 가까울까요?

초등 공부는 마라톤의 시작점입니다. 초등학교부터 시작되는 학업(공부)은 초등학교 6년, 중학교 3년, 고등학교 3년 그리고 대학교 4년까지 최소 12년에서 16년은 이어집니다. 초등학생인 우리 아이들은 이제 막 시작하는 출발점에 서 있지요. 그런 아이들에게 단거리 달리기하듯 온 힘을 다해 달리게 하면 끝까지 달려 자신의 목표에 도달할 수 있을까요.
오히려 신발 끈을 풀리지 않게 묶고 서서히 몸의 온도를 높
이는 준비운동이 더 필요하지 않을까요?

공부라는 마라톤의 출발점에서 결승선까지 향하기 위해서
는 무엇이 필요할까요? 이 장에서는 그 시작점에서 아이에
게 중요한 집중력, 복습 습관, 독서, 글쓰기, 과정에 초점 두
기, 아이의 학습 습관을 확인하는 방법 등 오랜 달리기를 준
비할 수 있도록 돕는 방법을 나누고자 합니다.

§ | §

집중력은 환경이 아니라 태도예요

"우리 1교시 준비합시다."

"네…."

"너희 지금 '집에 가고 싶다.', '수업 언제 끝나나.', '하루만
더 쉬고 싶다.' 생각하고 있었지?"

"선생님 독심술도 할 수 있으세요?"

"너희 눈이 다 말해 주고 있어. 안 되겠다. 오랜만에 집중
력 명상하고 시작하자! 진정한 집중력은 주변 사람이 무엇을
말하고, 어떤 행동을 하는지와 관계없이 지금 내가 해야 할
일에 집중할 수 있는 능력을 말한다. 다른 사람을 신경 쓰
지 않고 오롯이 나에게만 집중해 보렴."

추석 연휴를 마치고 등교한 월요일, 1교시 수업을 시작하
려는데 아이들의 눈동자가 이러저러한 생각들을 담고 있습

니다. 안 되겠다 싶은 마음에 아이들과 집중력 명상을 시작했습니다. 먼저 책상 위에 조심히 올라가 앉습니다. 눈을 감은 채로 다른 사람의 말이나 행동에 휘둘리지 않고 내 생각에 집중합니다. 이때 나에게 있었던 기분 좋은 일, 내가 앞으로 이루고 싶은 목표 등 주제를 주고 상상하게 하면 좋습니다. 익숙해지면 2단계로 집중력 명상의 수준을 높입니다. 평소 집중력이 좋은 남학생 한 명, 여학생 한 명을 도우미로 선정합니다. 도우미들은 교실을 돌아다니며 친구들을 간지럽힙니다. 친구가 돌아다니거나 간지럽혀도 내 집중력을 유지할 수 있는지가 관건입니다. 3단계로 넘어가면 도우미들이 말을 걸기 시작합니다. 갑자기 노래를 부르거나 대화하려고 말을 걸 때도 흐트러지지 않고 내 생각에만 집중해 봅니다.

처음에는 교실 안에서 집중력을 유지하지 못하는 아이들을 위해 집중력 명상을 시작했습니다. 앞에서 선생님이 설명하는데 지우개를 자르는 아이, 활동을 시작하라고 할 때까지 멍하니 있는 아이, 계속 옆 친구에게 말을 거는 아이…. 아이들을 어떻게 도와줄 수 있을지 고민하던 중에 한 선생님께서 위의 명상 방법을 알려 주셨습니다. "선생님, 이런 명상 방법이 있는데 아이들도 되게 재미있게 명상에 참여하더라고요. 한 번 해 보시면 어때요?" 조용한 상황에서만 집중하는 것이 아니라, 내 신경을 빼앗아 가는 다양한 상황에서 집중하는 훈련이라는 점이 매력적이었습니다. 아이들도 놀이하듯 즐겁게 집중력을 훈련할 수 있었지요.

우진이는 수업 시간에 멍하니 앉아 있는 모습이 반복해서 관찰되는 아이였습니다. 부모님께 관찰한 내용을 나누며 가정에서의 모습을 여쭈었지요.

"가정에서는 아이가 문제집을 풀거나 혼자 공부할 때 어떤가요?"

"집에서도 문제집을 앞에 두고 멍하니 앉아 있거나 문제를 푸는 데 한참 걸려요."

"그럴 때는 어떻게 도와주고 계신가요?"

"제가 앞에서 지키고 서 있어요. 그런데 선생님, 저희 아이가 그림을 그리거나 게임을 할 때 보면 집중력이 엄청나요. 누가 말을 걸어도 모를 정도로요. 집중력의 문제는 아닌 것 같아요."

누구나 좋아하는 것을 할 때나 긴박하게 필요하다고 느끼는 때는 집중할 수 있습니다. 흔히 게임을 할 때 보이는 집중력을 보면 '우리 아이가 뭘 해도 하겠구나!' 싶지요. 그런데 그럴 때 보이는 집중력이 아이의 진짜 집중력은 아닙니다. 진정한 집중력이란 내가 하고 싶지 않은 활동일지라도 주변 환경에 휘둘리지 않고 해야 할 일을 할 수 있는 능력을 말합니다. 자기 조절 능력과도 밀접하게 관련되어 있지요. 사람은 내가 관심이 있고 좋아하는 활동을 하고 있거나 조용한 상황에서는 쉽게 집중할 수 있습니다. 그러나 우리는 그런 순간들만 마주하지 않지요. 때로는 지루하게 느껴지는 순간에도, 하기 싫을 때도, 소란스러울 때도 집중력을 발휘해야 합니다.

그런 의미에서 초등학교의 수업 시간은 집중력 발휘를 연습하는 사회적인 공간입니다.

- 40분 동안 자리에 바르게 앉아 있는 것
- 선생님의 설명을 귀담아듣는 것
- 친구가 발표하는 내용을 듣는 것
- 선생님이 설명하신 절차에 따라 과제를 수행하는 것

– 정해진 시간 내에 교과서나 활동지에 내 생각을 적는 것

위와 같은 행동은 모두 집중해야만 가능한 일입니다. 만약 아이가 수업 시간에 집중력을 발휘하기 어려워한다면 원인을 찾아 도와주어야 합니다. 만약 앞에 놓인 물건들에 시선을 뺏긴다면 공부 전 책상 위에 연필과 지우개를 제외한 모든 물건을 넣는 습관을 연습하게 할 수 있습니다. 특히 책가방 안에 장난감이나 인형을 챙기도록 허용하는 것은 좋지 않습니다. 나도 모르게 시선이 빼앗기기 때문이지요. 필기구는 다른 기능이 없는 연필을 사용하면 좋습니다. 샤프를 사용하면 샤프심을 채워야 하거나 고장이 났을 때 고치려고 하는 등 생각보다 집중력을 빼앗기기 좋은 환경이 만들어집니다. 밤에 너무 늦은 시간에 잠자리에 들어서 피곤해하고 수업 시간에 엎드려있다면 더 이른 시간 잠자리에 들게 할 수 있습니다. 수업 내용이나 설명이 이해되지 않아서 집중하지 못한다면 선생님께 질문하는 방법을 연습하게 할 수 있지요. 또는 이전 학습 내용을 정확하게 복습하여 학습 내용을 이해할 수 있도록 도울 수 있습니다.

수업 시간은 지식을 배우는 시간이면서도 진정한 집중력

을 기르는 연습의 시간이기도 합니다. 집중력은 내가 미래에 꿈꾸는 일을 달성하기 위해서 꼭 필요합니다. 공부할 때뿐만 아니라 목표를 달성하기 위해서 꼭 필요한 게 바로 집중력이지요. 힘든 상황에도 집중력을 발휘할 수 있는 사람은 목표를 성취해 내고 맙니다. 초등 수업 시간부터 아이의 집중력 훈련은 시작됩니다.

오늘도 교실에서 아이의 마음을 읽었습니다

2

안하면 티가 나는 복습

"자기 혹시 전기 레인지에 기름 떨어뜨렸어?"

"아니? 점심에는 기름 쓰는 요리 안 했는데? 우리 달걀 삶아 먹었잖아."

"그러니까. 근데 왜 전기 레인지에 기름이 떨어져 있지?"

주말 점심을 먹고 남편과 함께 정리를 하던 중이었습니다. 갑자기 남편이 기름을 사용했는지 물었습니다. 전기 레인지 한가운데 떨어져 있는 이유 모를 기름 때문이었습니다. 그날 점심에는 달걀을 삶아 샐러드를 해 먹고 기름은 쓰지 않은 터라 저도 남편도 당황스럽기만 했습니다. 무슨 일인가 주변을 둘러보다가 후드에서 원인을 찾았습니다. 후드 가운데 고무에서 맺힌 기름이 떨어진 것이었습니다. 생각해 보니 이사 온 후 10개월 동안 후드를 청소하지 않았습니다. 오랜 시간 주방을 정리하고 청소했는데도 후드는 한 번도 닦아 내지 않았다는 사실이 부끄러워 후드 청소를 계획했습니다. 인터넷에서 알려 준 대로 베이킹소다와 주방세제를 섞어 칫솔로 문지르는데 그간 묵혀진 기름때가 눈에 선명히 보였습니다. 충분히 세제로 문지르고 난 후에는 물을 묻힌 행주로 거품을 닦아냈습니다. 오랜 시간 닦지 않은 기름을 닦으려니 시간은 오래 걸리고 팔도 떨어질 듯 아팠습니다. 청소를 마무리하고 필터까지 잘 말려 끼워 넣으니, 속이 후련했습니다. 그런데 겉으로 볼 때는 막상 달라진 게 없었지요. 집안일은 왜 하면 티가 안 나고, 안 하면 티가 날까요? 한편으로는 억울하기도 했지만, 다음번에는 그때그때 청소해서 힘을 들이지 않겠다고 다짐했습니다.

집안일하다 보면 눈에 띄지 않는 일을 하게 될 때가 있습니다. 전기밥솥 청소하기, 세탁건조기 먼지 닦고 청소하기, 장 봐온 식재료를 냉장고에 오래 보관할 수 있도록 정리하기, 식기 건조대와 샤워부스 물 때 닦기, 주방과 화장실에 있는 휴지통 비우기…. 그래서 남편이 없을 때 집안일을 해두고 퀴즈를 낼 때도 있습니다. "오늘 내가 어디 청소했게?"라는 물음에 남편도 열심히 달라진 곳을 찾지만 발견하기 쉽지는 않습니다. 그런데 정말 '티가 나지 않는다.'고 하지 않으면 안 한 티가 납니다. 참 억울하지요. 우리는 살면서 집안일처럼 하면 티가 안 나고 안 하면 티가 나는 것들을 마주하곤 합니다. 그중 하나가 바로 오늘 이야기하고 싶은 주제인 '복습'입니다.

복습은 한 티가 즉각적으로 나지 않습니다. 오히려 예습은 티가 납니다. 수업 시간에 선생님의 질문에 꽤 자신 있게 대답할 수 있고 내가 미리 나간 진도를 자랑할 수도 있습니다. 그러나 복습 1시간 한 것으로는 내 실력이 크게 느는 것 같지도, 완벽하게 모든 것을 암기하게 되는 것 같지도 않지요. 하지만 복습을 '안 하면' 결국 티가 납니다. 3학년 아이들과 두 자릿수의 나눗셈을 배웠을 때였습니다. 구체적 조작물로 연습하고, 일반화된 개념도 익힌 후에 함께 수학익힘책을 풀며 반복하여 연습했습니다. 며칠이 걸리긴 했지만 결국 모든 아이가 푸는 방법을 익히고 수업을 마칠 수 있었지요. 교사로서 어찌나 뿌듯한 순간이었는지 모릅니다. 그런데 다음 단원에서 나눗셈 복습 퀴즈를 내었더니 대답하지 못하는 아이들이 나왔습니다. 아뿔싸! 복습의 부재가 눈에 보이는 순간입니다. 결국 그날은 진도를 나가지 못하고 나눗셈을 복습해야 했습니다.

집안일과 복습은 효과가 없는 것처럼 보입니다. 당장은 그렇지요. 시간이 지나야 그 효과를 알 수 있습니다. 세탁기와 건조기의 필터를 꺼내 꾸준히 청소해 두면 몇 년이 지나도 고장 나지 않고 쓸 수 있는 것처럼 말입니다. 복습을 꾸준히 해 온 사람은 배운 내용을 더 쉽게 기억할 수 있고, 나중에 다시 공부하게 될 때도 짧은 시간 내에 배운 내용을 떠올릴 수 있습니다. 꾸준히 복습하는 습관을 지닌 사람은 그 효과를 볼 수밖에 없지요.

가끔 아이들에게 "복습했니?" 물어보면 "학원에서 공부했어요."라는 답이 돌아옵니다. 물론 어떤 학원에서 어떤 방법으로 공부하는지에 따라 다르겠지만, 대부분 학원에서는 새로운 것을 배우고 연습할 뿐 배운 내용을 스스로 복습하고 정리하지 않습니다. 표준 국어 대사전에 따르면 복습이란 배운 것을 다시 익혀 공부한다는 뜻입니다. 즉 복습하기 위해서는 학교나 학원에서 배운 내용을 다시 스스로 공부하는 시간을 내어야 합니다. 학원을 다녀와서 공부 끝이 아니라 다시 공부 시작이라는 이야기지요. 그러니 학원을 선택하기 전에 아이가 학원을 다녀와서 배운 내용을 복습할 수 있는 시간과 체력이 있는지 고려하는 것도 필요합니다.

그렇다면 어떻게 복습할 수 있을까요? 복습의 방법은 다양합니다.

1) 교과서 내용을 천천히 다시 읽어 보기
2) 교과서 내용을 읽어 보고 공책에 자신의 말로 정리하기
3) 백지에 떠오르는 내용을 모두 적어 보고, 교과서를 보면서 틀린 내용이나 덧붙여야 할 내용 정리하기
4) 문제집을 구매해서 배운 내용이 나오는 쪽 풀어보기
   (★중요★ 틀린 문제가 있다면 틀린 까닭 정확히 알아보기)
5) 선생님께서 설명하듯 교과서 내용을 보지 않고 배운 내용 설명해 보기
6) 배운 내용 중에 헷갈리는 내용에 대해 다시 공부해 보기
7) 친구와 서로 문제를 만들고 답변하기

어떤 방법으로 복습하는지는 아이가 자신의 성향과 취향에 따라 선택하면 됩니다. 과목에 따라 달라질 수도 있고, 배운 내용에 따라 달라질 수도 있습니다. 사회나 과학을 공부할 때는 2번 방법을 사용하다가, 평가를 앞두고 내가 잘 기억하는지 점검할 때는 3번 방법을 사용할 수도 있습니다. 수학을 공부할 때는 4번 방법으로 복습하다가, 틀린 문제들만 모아 6번 방법으로 연습할 수 있지요. 오늘 하루 학교에서 배운 내용을 정리할 때는 1번 방법을 사용할 수도 있습니다. 그중 제가 추천하는 방법은 '설명하기'입니다. NTL(National Training Laboratory) 행동 과학 연구소의 학습 효율성 피라미드에 따르면 가장 효율이 높은 학습 방법은 서로 설명하기입니다. 배운 내용을 다른 사람에게 설명해 주면서 개념을 구조화할 수 있고, 자기 말을 귀로 한 번 더 들으면서 익힐 수 있기 때문입니다. 어릴 적 제 방에는 항상 화이트보드가 있었습니다. 화이트보드를 벽에 붙여두고 그 앞에서 배운 내용을 가상의 학생들에게 설명하곤 했지요. 듣는 청자가 있으면 더 좋습니다. 설명할 때 청자가 이해할 수 있는 언어로 바꾸어 표현해야 하는데 이때 나의 단어나 표현으로 정리하게 되기 때문이지요. 요즘은 부피가 크지 않고 벽에 부착할 수 있는 칠판이 다양한 제품으로 나오니 활용해 보아도 좋겠습니다.

도쿄대학 약학부에서 뇌를 연구하는 이케가야 유지가 쓴
『알쏭달쏭 상담소』에서는 뇌 속의 해마가 정보를 필요한 것으로 판단하여 기억을 오래 유지할 수 있도록 아래와 같은 복습 방법을 제시하기도 합니다.

1) 1차 복습 : 학습한 다음 날
2) 2차 복습 : 1차 복습 1주일 뒤
3) 3차 복습 : 2차 복습 2주일 뒤
4) 4차 복습 : 3차 복습 한 달 뒤

한 번 복습한다고 해서 배운 내용이 모두 이해되고 머릿속에 쏙 들어오는 것은 아닙니다. 반복되는 복습을 통해 배운 내용을 머릿속에 차곡차곡 정리하는 것이지요. 한 번에 적절한 복습 방법을 찾기는 어렵습니다. 이 방법 저 방법으로 도전해 보고, 점검하면서 아이만의 복습 방법을 만들어 가면 됩니다. 중요한 점은 매일 꾸준히 '아이가' 할 수 있는 방법을 선택해야 한다는 것입니다. 처음부터 1시간씩 앉아 복습할 수 있는 아이는 없습니다. 오늘은 10분, 내일은 15분, 일주일 후에는 30분 이렇게 조금씩 시간을 늘려간다면 하루하루 쌓인 시간이 분명히 큰 변화를 일으킬 것입니다.

독서 습관도 한 걸음부터

"민경아 너는 취미가 뭐니?"

"나…? 딱히 없는데…. 굳이 뽑자면 독서?"

"나도 딱히 생각 안 나서 자기 소개서에 독서라고 적었는데…."

학창 시절 새 학년이 되면 자기소개서에 취미를 적을 때마다 고민했던 기억이 있습니다. 그런데 결국 적히는 건 '독서'였습니다. 실제로 하고 있는 여가 활동은 독서뿐이기 때문이었지요. 그러나 지금 취미를 묻는다면 답은 같지만 다릅니다.

"선생님은 여가 시간 생기면 뭐 하세요?"

"선생님은 책 읽는 거 좋아해. 주말에 일어나서 내린 커피를 들고 소파에 앉아 여유롭게 책 읽는 시간이 얼른 오면 좋겠어."

"으악! 책 읽는 게 왜 좋아요?"

많은 아이가 공감하지 못하기도 하지만, 저는 책 읽기가 좋습니다. 오래전 기억이지만 초등학생 때 도서관 서고를 정리하는 봉사를 했습니다. 분류 번호를 보고 적절한 위치를 찾아 정리하는 일이 뿌듯했고 도서관의 조용하고 따뜻한 공기가 좋았지요. 중고등학생 때는 책을 많이 읽지는 못했습니다. 해리포터 영화가 엄청난 인기를 끌었을 때, 책으로 먼저 읽겠다는 이상한 고집을 피우며 1권을 집어 들었던 기억이 납니다. 1권을 다 읽고 '시험 끝나고 2권 읽어야지!' 하고 다짐했다가, 시험이 끝나면 내용이 기억나지 않아 다시 1권으로 돌아오기를 반복했습니다. 여담이지만 결국 해리포터 책은 20대가 되어서야 다 읽을 수 있었지요.

저는 제가 책을 좋아한다는 사실을 성인이 되어서야 깨달았습니다. 대학교에 다니고, 임용시험을 치르고, 발령을 기다리는 동안 꾸준히 도서관에 드나들었습니다. 자기 계발을 위한 노력으로 책을 읽는 것이라며 스스로 의심했고, 소설만 찾아 읽는데 책을 좋아한다고 하긴 이르다는 생각도 했습니다. 그런데 시간이 지날수록 책을 읽는 시간이 마음을 충만히 채운다는 사실이 분명해졌습니다. 한 번 인정하고 나니 쉬웠습니다. '나는 책을 좋아하는 사람이구나!'

책을 고르기 위해 서점이나 도서관을 가는 것이 즐거웠습니다. 모두가 그렇듯 매일 일상에 치여 주말에나 겨우 숙제처럼 책을 집어 들기도 했지만, 책을 여는 순간부터는 제 세상이었습니다.

아이들도 그렇지만 주변 친구들과 가족들도 어떻게 책 읽기를 좋아하냐고 묻습니다. 천천히 활자를 읽어 나가며 작가의 생각을 내 생각과 비교하는 과정도, 소설 속 등장인물의 상황이 되어 상상하는 순간도 얼마나 매력 있는지 모릅니다. 예전에는 소설만 주야장천 읽었습니다. 판타지 소설, 추리소설, 역사 소설……. 그리고 교육 대학교에 입학하고 교사로서 준비하면서는 '교육' 서고에서 나오질 못했습니다. 그런데 그렇게 몇 년을 보내고 나니 다른 분야의 책들이 읽고 싶어졌습니다. 사회와 정치는 어떻게 돌아가고 있는지, 돈은 어떻게 관리해야 하는지, 문해력과 관련한 전문가의 의견은 어떤지, 인문학은 대체 무엇인지 궁금해졌지요.

관심 분야에서 시작된 책 읽기는 각양각색의 분야로 퍼져 나갔습니다. 그래서 저는 아이들과 만나면 '읽고 싶은 책 읽기'부터 시작합니다. 아이가 마음을 열고 읽을 수 있는 책부터 독서의 세계는 펼쳐집니다. 학부모 상담을 하면 부모님께서 독서교육에 관해 이야기하시는 유형은 크게 두 가지입니다. 첫째로는 아이가 너무 한 분야의 책만 읽어서 걱정된다는 것이고, 둘째로는 아이가 책 읽기를 싫어하는데 어떻게 독서 하도록 도와주어야 할지 모르겠다는 것입니다.

먼저 한 분야의 책만 읽어서 걱정된다는 부모님께 제 대답은 한결같습니다.

"아이가 읽고 싶은 책부터 읽게 해 주세요. 학습에 관련된 책 말고 아이가 고른 재미있는 책이요."

어떤 아이는 과학 도서를 깊이 파고들고, 또 다른 아이는 소설 분야를 깊이 파고들어 읽습니다. 아이가 책을 읽는 것을 보면 분명 독서에 흥미는 있는 것 같으니, 이제 다른 분야의 책을 읽었으면 좋겠다는 마음이 들곤 합니다. 특히 학습에 도움이 되는 책을 읽었으면 좋겠다고 생각하지요. 과학이나 사회 등 교과와 연계된 도서를 읽는 것은 분명 도움이 됩니다. 그런데 독서를 통해 얻는 것은 책에 서술된 지식을 얻는 것 이상으로 다양합니다. 단어의 뜻을 추측하며 글을 읽을 수 있고 서술된 인물의 말과 행동을 통해 등장인물의 마음이나 성격을 추론하게 됩니다. 긴 글을 읽을 때면 자연히 글을 간추리게 되지요. 한 분야의 책만 읽고 있다고 해서 걱정하지 마세요. 실은 독서하고 있는 자체로 아이는 많은 것을 배우고 있습니다. 읽고 싶지 않은 책(특히 학습과 관련된 도서)을 억지로 읽게 하다가 아이에게 '독서는 재미없는 것'이라는 편견이 생기면 너무도 안타깝지 않을까요?

아이가 책 읽기를 싫어해서 독서 습관을 잡도록 도와주고 싶다면 일단 아이에게 재미있는 책을 경험시켜 주어야 합니다. 자기 마음에 드는 재미있는 책을 골라 읽으며 깔깔대고 웃는 경험이 다시 아이를 책 앞으로 가게 합니다. 그런데 책 읽기를 싫어하면 어떤 책을 골라야 할지도 모르겠다고 말하는 아이가 많지요. 도서관 수업에서도 한 교시 내내 책장 사이를 돌아다니다가 수업을 마칠 때 다가와 "선생님, 어떤 책을 읽어야 할지 모르겠어요. 추천 좀 해 주세요."라고 말하는 아이를 마주하곤 합니다. 저는 그런 아이들을 반복해서 마주하고 나서야 제가 먼저 동화를 읽어야 할 필요성을 깨달았습니다.

학급 문고에 책을 두기 위해 구매하거나 도서관에서 학급 문고를 빌리면 먼저 꼭 제 책상에 쌓아두고 읽어봅니다. 이유는 다양합니다.

1) 아이들의 읽기 수준에 적절한지 확인한다.
2) 아이가 읽기에 부적절한 내용이 있다면 학급 문고에는 비치하지 않는다.
3) 재미있는 책은 아이들에게 직접 추천하기 위해서 읽어본다.
4) 선생님의 책상에 놓인 책에 아이들은 관심을 가진다. 독서 흥미를 높이는 방법이다.

"선생님, 이 책 뭐예요?"
"이거 이번에 학급 문고에 넣으려고 사봤어."

"저도 읽어 보면 안 돼요?"

"선생님이 검수하고 읽게 해 줄게."

"그러면 제가 첫 번째예요!"

아이들이 책에 관심을 가지면 반쯤 성공입니다. 책을 다 읽고 나면 아침 인사를 하며 책을 소개합니다. 책의 등장인물과 대략적인 관계, 앞부분의 줄거리를 이야기해 줍니다. 보통 책에 관심이 없는 아이는 이야기 속 배경이나 인물 관계를 설명하는 앞부분에서 지루함을 느끼기 때문입니다. 그리고 재미있을 시점에서 딱 끊고는 결말을 알고 싶다면 직접 읽어 보라고 제안합니다. 올해 우리 반에서 그렇게 소개한 첫 번째 책이 이재문 작가님의『몬스터 차일드』였습니다. 3학년 아이들에게 글밥이 많을 수 있겠다고 생각했는데 지금은 우리 반의 최고의 책에 선정될 만큼 대부분의 아이가 읽었습니다. 도서관의 신간도 최대한 읽어 보려고 노력합니다. 그래야 정말 재미있는 책을 골라 추천해 줄 수 있으니 말입니다. 어른이 읽어도 재미있는 책은 아이가 읽어도 재미있습니다. 그리고 재미있는 책을 읽으며 아이들은 '책 읽기'라는 세상에 흠뻑 빠질 수 있습니다.

§ ‖ §

AI 시대에도 글쓰기가 필요해요

"그럼 토의한 내용을 바탕으로 주장하는 글을 써보자."

"윽! 글쓰기 싫은데….."

"선생님 글쓰기 너무 싫어요. 손 아프고 귀찮고….."

"진짜 글 쓰는 게 제일 싫어요. 수학보다 더요."

"선생님 근데 글쓰기는 왜 해야 해요?"

글쓰기. 실력이 늘어가는 것도 눈에 잘 띄지 않는데 긴 글을 쓰려면 머리도, 손도 아픕니다. 그래서인지 글을 쓰자는 말에 아이들은 한숨으로 답합니다. 그런데 국어 교과서만 펴면 글쓰기가 계속해서 나오지요. 문제의 답을 한 문장으로 쓰는 것부터 한 문단 쓰기, 여러 문단 쓰기까지 학년이 올라갈수록 난이도는 점점 높아집니다. 쓸 내용을 생각하는 것도 어려운데 문단의 시작에 한 칸 들여쓰기, 문장의 짜임과 호

응에 맞추어 쓰기, 적절한 맞춤법과 띄어쓰기 등 형식에 알맞게 쓰라고도 합니다. 미국의 하버드 대학교에서는 전공에 상관없이 입학하면서부터 4년 이상 글쓰기를 배웁니다. 우리나라 교육과정에서는 '쓰기' 영역을 두고 초등 그리고 중등 교육에서 연속적으로 배우지요. 인공지능에 질문만 하면 결과물이 나오는 시대, 미래의 우리 아이들에게도 여전히 글쓰기는 필요할까요? 저는 그렇다고 생각합니다. 그렇게 생각하는 까닭은 세 가지입니다.

첫째, 글쓰기는 생각하는 힘을 기르는 가장 강력한 훈련입니다

글을 쓰기 전에 우리의 머릿속 생각은 대체로 흐릿합니다. 일기를 써보신 분이라면 쓰기 전 '오늘 뭐 했더라?' 하며 질문하는 자신을 발견했던 경험이 있을 겁니다. 그런데 일기를 써 내려가며 오늘 어떤 일이 있었는지, 그때 내 마음이 어땠는지, 내가 어떤 다짐을 했는지 명확히 정리되지요. 일기가 아닌 글도 마찬가지입니다. 직장에서 보고서를 작성하며 업무의 과정을 명확하게 이해하거나 내 주장의 근거를 분명하게 정리할 수 있습니다. 머릿속 생각을 글로 쓰는 동안 생각의 순서는 정리되고 근거가 부족한 부분을 발견하게 됩니다. 또 나의 의견이나 생각에 관한 모순점을 발견하기도 하지요. 그래서 글을 쓰면서 논리적 사고력이 길러질 수 있습니다.

최근 AI 인공지능 기술이 발달하며 질문 하나로 이미지나 영상을 만들거나 자료를 정리하는 등 다양한 기능을 쉽게 누릴 수 있게 되었습니다. 영국 코번트리대학교 케빈 워커 교수는 '디자이너들이 AI 때문에 이미 일자리를 잃고 있다.'고 말하기도 했습니다.[4] 인간만이 발휘할 수 있는 창의적 사고의 산물이라 여겨졌던 예술 영역에서도 AI가 활동할 수 있다는 사실이 두렵고 놀랍기도 하지요. 앞으로 어떻게 인공지능 산업이 발전할지 모르지만, 우리 아이들이 살아갈 세상은 지금과는 또 다를 것입니다. 새로운 세상을 만날 우리 아이들에게는 질문하는 능력이 더욱 중요해졌습니다. 논리적인 사고력을 가진 아이는 깊이 생각하여 좋은 질문을 할 수 있습니다. 글쓰기를 통해 길러질 수 있는 능력입니다.

---

4   <[르포]"디자이너도 AI 배워야 일자리 지킨다"···디자인코리아 가보니>, 김보경 (2024.11.14.)

둘째, 글을 쓰며 마음을 풀어낼 수 있습니다

글은 언제 가장 잘 써질까요? 물론 기쁠 때도 글이 잘 써질 수 있지만 화가 나거나 짜증이 날 때 글이 물 흐르듯 써집니다. 학급 아이들과 학교에서 진행하는 나눔 마당에 참여한 날이었습니다. 운동장에 함께 돗자리를 펴고 행사를 진행하다가 정리할 때가 되었습니다. 아이들이 활동을 마무리하고 계단에 모여 앉았는데, 한 팀이 보이지 않았습니다. 무슨 일이 있나 싶어서 가 보았더니 한 아이가 자신이 나눔 받았던 게임기가 없어졌다며 씩씩대고 있었습니다. 나눔 받은 물건은 자기 장바구니에 넣어두기로 했는데, 돗자리에 그대로 두는 바람에 누군가 나누는 물건인 줄 알고 가져간 상황이었습니다. 속상하겠지만 이번 기회로 배웠으니, 다음번에는 장바구니에 꼭 넣어두자고 이야기하고 교실로 올라왔지요. 그리고는 국어 수업과 연계해 온라인에 활동 소감을 글로 써보는 시간을 가졌습니다. 아이가 시무룩해서 "화가 나서 뭘 쓸지 모르겠어요."라기에 "원래 화 나고 억울하고 짜증 날 때 글이 제일 잘 써지는 거야. 마음속에 하고 싶은 말이 많이 있지 않니?"라고 말해 주었습니다. 곰곰이 생각하던 아이는 "맞아요. 지금 쓸 말이 많아요."라며 열심히 타자를 두드리기 시작했지요.

오늘도 교실에서 아이의 마음을 읽었습니다

수업이 끝나고 점심시간이 되어 모두가 손 씻으러 나갈 때까지 글을 쓰던 그 아이는 글을 완성하고는 환한 얼굴로 밥을 먹으러 갔습니다. 글 속에 폭풍같이 감정을 쏟아 내고 마음이 한결 가벼워진 것이지요. 사진의 하단에 가장 긴 글이 보이시나요? 바로 그 아이의 글입니다.

도덕 시간에 공정에 대해 배우면서 '언니/오빠/형/누나가 동생보다 용돈을 많이 받는 것은 공정한가?'라는 주제로 토의할 때도 마찬가지였습니다. 용돈이라는 중요한 주제와 이전에 겪었던 가정 안에서의 상황이 겹쳐 쉽게 볼 수 없는 치열하고 진지한 토의였습니다. 생활 속에서 공정한 상황을 판단하는 것이 어려움을 충분히 배울 수 있었기에 토의를 마무리하자고 했습니다. 그러자 아이들이 못 한 말이 많다며 조금만 더 시간을 달라는 상황에 이르렀습니다. 하고 싶었는데 못 한 말들은 한 문단의 글로 써보라고 하니 공책 한 쪽을 가득 채워 쓰고선 "아 후련하다!" 하고 외칩니다. 이게 글의 힘입니다. 생각나는 대로, 떠오르는 대로 적어 내려갈 때 내 마음에 담겼던 부정적인 감정들을 같이 흘려보낼 수 있습니다.

셋째, 글쓰기는 그 자체로 의사소통 도구가 됩니다

내 마음을 친구에게 편지로 써서 전하는 것, SNS에 내 생각을 정리하여 글로 쓰는 것, 메신저나 메시지로 좋아하는 친구에게 같이 데이트하지 않겠냐고 물어보는 것, 내가 가고 싶은 대학교에 나를 소개하는 글을 제출하는 것, 자신의 연구를 다른 사람들에게 논문으로 발표하는 것. 사소한 일상의 순간부터 중요한 제출물까지 모두 '글'이 사용됩니다. 의사소통 능력이 중요한 이 시대에 글쓰기라는 도구는 나를 드러낼 수 있는 좋은 방법입니다.

글은 많이 써볼수록 늡니다. 쓰고, 읽어 보고, 고치고, 다시 쓰고, 읽어 보고, 고치고를 반복하지요. 하루는 현직 작가님들의 강의를 들을 기회가 있었습니다. 글을 잘 쓰게 되기 위해서는 어떻게 해야 하냐는 질문에 한 작가님이 고쳐 쓰기의 중요성을 말씀하셨습니다. 누구나 아는 유명한 작가인 헤밍웨이도 『노인과 바다』를 쓸 때 400번 이상 퇴고했다고 이야기하시면서 말입니다. 저는 아이들과 글을 쓰고 난 후에 꼭 소리 내어 읽어 보라고 이야기합니다. 소리 내어 읽어 보는 중에 어미를 통일해서 썼는지, 문장의 호응이 이상한 부분은 없는지 알게 되기 때문이지요. 길게 쓰지 않아도 괜찮습니다. 꼭 멋진 문장을 써야 하는 것도 아닙니다. 일기든, 독후감이든, 주제 글쓰기든 하루 30분만 써보는 것입니다. 단 한 줄이라도 괜찮습니다.

실은 저도 글쓰기의 매력을 느낀 지 얼마 되지 않았습니다. 글쓰기라 하면 귀찮은 것, 머리 아픈 것으로 생각하던 많은 사람들의 생각과 다를 바 없었지요. 그런데 쓰면 쓸수록 글쓰기의 중요성과 즐거움을 알아가고 있습니다. 내 마음을 비우고 생각을 정리해 나가는 즐거움과 한 줄이라도 썼을 때의 뿌듯함이 좋습니다. 우리 아이들도 글쓰기의 가치와 즐거움을 알아갈 수 있었으면 좋겠습니다.

§ **5** §

결과보다 반짝이는 과정

"나 1등!"

"나는 2등!"

"나는 3등이다!"

"아니야. 내가 3등이야."

"나는 4등."

영어 교과실에서 수업하고 교실로 돌아올 때마다 들려오는 아이들의 목소리. 사실은 대화라기에는 선포에 가까운 이 이야기는 '등수'에 관한 아이들의 인식을 보여줍니다. 아이들은 등수를 정하라고 하지 않아도 누가 가르쳐준 듯이 등수를 매깁니다. 하루는 체육 시간에 교실에서 협동 윗몸일으키기 놀이를 했습니다. 모둠별로 짝꿍을 교체하며 3분 동안 윗몸일으키기를 하고, 다섯 모둠의 결과를 합산하여 학급 기록을 세웠습니다. 1차 윗몸일으키기에서 392개를 돌파해서, 2차 목표는 410개로 잡았지요. 그리고 최선을 다해 노력한 열매를 맺는 듯 420개를 돌파한 기록이 세워졌습니다. 그런데 목표를 달성해 환호해야 할 이 순간에도 등수가 등장합니다.

"와 우리 모둠이 1등이다!"
"우리 모둠은 꼴찌네….."

모둠끼리의 경쟁이 아니었는데도 우리 모둠의 등수를 매기고 슬퍼하거나 행복해합니다. 지난번 소개한 집중력 훈련을 위해 3분 명상을 제안했을 때도 마찬가지였습니다. 처음 아이들에게 활동을 소개했을 때 가장 먼저 나온 질문은 무엇이었을까요? 바로 "선생님 1등 하면 뭐 줘요?" 였습니다.

등수만큼 아이들이 중요하게 여기는 것이 또 있습니다. 바로 점수입니다.
"시험 100점 맞은 사람은 몇 명이에요?"
"저 몇 점 받았는지만 알려 주시면 안 돼요?"
"나 90점이다!"

"선생님 세 개 틀리면 85점이에요?"

채점한 평가지를 나누어주고 틀린 문제를 풀어보자고 하면, 틀린 문제는 보지 않고 점수에 관한 이야기만 나눕니다. 평가는 내가 아는 부분과 모르는 부분을 확인하고 모르는 내용을 다시 익히기 위해 치릅니다. 그런데 점수에만 집중하니 내가 모르는 것을 다시 알아가는 시간은 놓쳐버리지요.

등수와 점수에 집중하는 아이의 공통적인 특징이 있습니다. 바로 과정보다 결과에 집중한다는 것입니다. 아무도 등수를 매기라고 하지 않았는데도, 아이들은 스스로 등수를 매기고 기뻐하거나 슬퍼합니다. 점수도 마찬가지입니다. 왜 그럴까요? 이 세대에 만연한 경쟁심리가 자연스레 아이들의 삶 가운데 녹아져 나타난 것일 수도, 아이들의 타고난 승부욕과 성취를 향한 열망 때문일 수도 있습니다. 물론 경쟁에 최선을 다하고 승부욕을 발휘하는 것은 꿈과 목표를 달성하는데 좋은 영양분이 됩니다. 그러나 사소한 일상의 순간에서 과정이 아닌 결과만을 바라보는 것은 진정으로 가치 있는 순간들을 빼앗아 갑니다. 뛰고 싶더라도 규칙을 지켜 걸어온 과정, 친구와 함께 협력하여 목표를 달성한 순간, 나의 한계를 돌파해 꾸준히 공부한 노력…. 그리고 결과에만 집중하느라 내가 결과를 내기 위해 걸어야 할 과정을 바라보지 못하기도 합니다.

그래서 교실에서만큼은 등수나 점수 등의 결과보다는 과정을 살피게 하고자 노력합니다. 줄을 설 때에는 선착순이 아니라 회의를 거쳐 줄서기 방법을 정합니다. 체육 시간에는 주로 협력할 수 있는 놀이를 택해서 활동합니다. 경쟁이 있는 놀이더라도 꼭 활동의 마무리에 소감을 나누며 이기고 지는 것보다 오늘 활동에 정직하게 참여한 아이, 포기하지 않은 아이, 격려하고 응원하는 아이를 주목합니다. 수학 시간에는 문제를 빨리 푸는 것보다, 다른 사람과 비교하지 않고 나의 풀이에 집중하는 시간을 가지자고 이야기합니다. 평가를 본 후에는 점수를 적어 주지 않고 틀린 문제의 개수만 적어줍니다. 그리고 스무 문제가 아니라 열일곱 문제, 열여덟 문제, 열아홉 문제 등으로 점수 환산이 어려운 문제의 개수로 조정하지요.(물론 그래도 숫자로 비교할 수 있지만, 점수보다는 덜하곤 합니다)

그리고 무엇보다도 아이들이 '1등'이나 '100점'에 집중하지 않을 수 있도록 학급의 말 문화를 만들어갑니다. 예를 들어, 수학 시간에 "나 1등!", "다 풀었다!"를 외치는 아이들에게는 "진정한 고수는 드러나지 않는 법이지." 하고 말해줍니다. 등수에 주목하게 하는 말보다는 노력한 과정에 집중할 수 있는 말을 하게 하지요. "끝까지 포기하지 않았구나.", "다른 친구들의 행동에 집중력을 잃지 않는구나. 대단하다!" 등의 말로 응원합니다.

아이들의 말을 듣고 있으면 자연스레 나를 돌아보게 됩니다. 어른인 우리의 삶은 어떤가요. 등수와 순위에서 자유로운가요? 아이들에게 너무도 쉽게 결과만을 주목하게 하는 말을 하고 있지는 않은가요.

"오늘 시험 몇 점 받았니?"

"몇 등 했니?"

"반 평균이 몇 점이니?"

"100점 받았어? 잘했네."

우리의 언어 습관을 돌아볼 때입니다. 아이들에게 결과에 집중하게 하는 말보다 노력과 배움의 과정에 집중하게 하는 말을 많이 해 주면 좋겠습니다.

"오늘 평가에서 모르는 문제가 뭐였어?"

"어느 내용이 이해가 잘 안됐니?"

"더 복습하면 좋을 부분이 어딜까?"

"지난번에 세 문제 틀렸었는데, 이번에는 한 문제 틀린 거야? 열심히 노력했구나."

6

교실 속 아이 만나기,
학부모 공개수업

"으악 어떡해. 선생님 이제 복도에 부모님들 오시는데요?"

"진짜 망했다."

"빨리 책상 정리해!"

"오늘 우리 엄마 오신다고 했어."

"나는 아빠랑 엄마랑 함께 오신대."

"선생님 너무 긴장돼요."

"1분 남았다. 큰일 났다."

"선생님! 선생님! 뒷문에 다 오셨어요."

"얼른 들어오시라고 하면 안 돼요?!"

"안 돼요!! 1분만요!"

"얘들아, 진정하렴. 우리 심호흡 한번 하자."

"후하. 후하."

"너희 떨리는구나? 떨려 하는 너희 모습 보니 선생님도 긴장이 되네. 그래도 괜찮아. 원래 하던 모습들을 자연스럽게 보여주면 돼. 이제 부모님들 들어오시라고 해도 될까? 준비됐어?"

"네. 준비됐어요."

설렘과 긴장이 가득한 날, 바로 학부모 공개수업 날입니다. 아마 아이를 보러 학교에 오시는 학부모님도 그렇겠지만 공개수업 날이 되면 아이들도 엄청나게 긴장합니다. 아침부터 주변을 정리하고 쉬는 시간에는 복도 창문에서 눈을 떼지 못합니다. 담임교사로서 학부모님을 만나는 날이니 설레고 긴장되기 마련인데 저보다 더 떨고 있는 아이들을 보면 미소가 지어지곤 합니다.

공개수업은 아이를 관찰할 좋은 기회입니다. '학교에 있는 아이'의 모습 말이지요. 가정에서 보이는 아이들의 모습은 전부가 아닙니다. 생각해 보면 어른들도 만나는 사람이나 장소에 따라 보이는 모습이 모두 다르지요. 가족들과 집에 있을 때, 직장에서 일을 할 때, 처음 만나는 카페 직원에게 주문할 때, 오랜 친구와 식당에서 만나 식사할 때 모두 말투나 행동이 다른 것은 자연스러운 일입니다. 아이들도 마찬가지입니다. 가정에서는 활기차고 말도 많은 아이가 학교에서는 조용하고 차분한 모습을 보인다거나 반대로 집에서는 말수 없던 아이가 학교에서는 옆에 친구와 이야기하기를 좋아할 수 있습니다. 내 아이가 집에서도 그랬으니, 학교에서도 그럴 것이라 단언하는 것은 위험합니다. 그래서 공개수업을 통해 학교에서 내 아이의 모습을 관찰해야 합니다.

공개수업을 통해 관찰할 수 있는 내용들은 여러 가지가 있습니다.

1) 아이의 물건이나 옷이 책상 주변에 떨어져 있지 않고, 책상 위와 서랍 안이 가지런히 정리되어 있는가?
2) 아이가 선생님과 눈을 마주치고 설명을 듣고 있는가?
   : 선생님이 설명할 때 서랍 속에서 가위를 꺼내 연필을 깎거나 테이프를 꺼내 만들기를 하지 않는지, 멍하게 앉아 있지는 않는지 관찰해야 합니다.
3) 선생님이 설명할 때 자신이 말하고 싶은 것이 있어도 멈추고 말 차례를 지키는가?

4) 질문의 내용을 파악하고, 주제에 적절한 대답을 하는가?

: 갯벌을 보존하는 방법이 무엇일지 묻는 말에 갯벌에
는 칠게가 산다고 대답한다면 주제나 맥락을 파악하
기에 어려움이 있는 것입니다.

5) 주변 친구들이 발표할 때, 내가 하던 것을 멈추고 친구
의 발표에 집중하는가?

6) 책상과 의자에 앉을 때 어떤 자세로 앉아 있는가?

: 엉덩이를 의자에 걸터앉거나, 무릎을 꿇고 앉거나, 뒤
를 계속해서 돌아본다면 건강과 학습을 위해 바르게
앉는 연습이 필요합니다.

7) 친구들과 협력하여 활동할 때 친구들을 존중하며 적극
적으로 활동하는가? 과도하게 자신의 의견을 주장하거
나, 방관하지는 않는가?

8) 걸을 때 자연스럽게 걷는가?

: 장난스럽게 큰 보폭으로 걷거나 뛰지 않고 손과 발을
자연스럽게 흔들면서 걸을 수 있는지 확인합니다.

9) 대형을 움직일 때 어떤 모습을 보이는가?

: 어려움이 있는 친구를 조용히 도와주는 아이, "이쪽으
로 더 와야 해"라며 다른 아이들에게 지시하는 아이,

지시하지 않고 자기가 슬쩍 움직여주는 아이, (원 대형 등 친구들 사이에 껴야 할 때) 쉽게 친구들 사이에 끼지 못하는 아이, 자연스럽게 자리를 잡고 앉는 아이, 친한 친구 옆으로 가려고 대형을 가로질러 빠르게 움직이는 아이 등 다양한 모습이 나타납니다.

10) 발표할 때, 짝과 대화할 때, 모둠 활동할 때, 개인 활동을 할 때 등 상황에 알맞게 목소리 크기를 조절할 수 있는가?

: 발표할 때는 교실 안에 다 들릴 정도의 목소리로 말하는지, 짝이나 모둠 안에서 대화할 때는 다른 친구들에게 방해되지 않을 정도로 목소리를 조절할 수 있는지 관찰합니다. 개인 활동을 할 때는 관련이 없는 이야기는 하지 않고 자신의 활동에 집중할 수 있어야 합니다.

그런데 공개수업 날에는 아이들도 긴장하며 뒤에 계시는 부모님을 의식하다 보니, 평소의 모습이 그대로 나타나지 않을 수도 있습니다. 평소에는 발표를 적극적으로 하던 아이들이 부끄러워 발표하지 못하거나, 실수할까 봐 걱정하며 표현

활동에도 소극적일 때가 있지요. 반대로 수업 시간 내내 말이 끊이지 않던 아이가 부모님 앞에서는 말 한마디 하지 않고 선생님의 말씀을 경청하는 모습이 보이기도 합니다. 그럴 때는 공개수업에서 관찰한 아이의 모습을 바탕으로 담임 선생님과 소통한다면 조금 더 정확한 정보를 얻을 수 있습니다. 담임선생님께 상담을 신청할 때는 어떤 부분을 상담하고 싶은지, 궁금한 점은 무엇인지 미리 소통한 후에 상담하면 좋습니다. 교사가 아이를 미리 관찰하고 상담에 임할 수 있기 때문이지요.

그리고 공개수업이 끝난 날, 집에 돌아가서 아이에게 이렇게 이야기해 주세요.

"오늘 학교에 가서 수업에 열심히 참여하는 네 모습을 보니 정말 대견했단다. 선생님과 친구들과 함께 수업을 꾸려가는 모습이 멋지더라. 고생 많았다."

부모님의 눈에 부족한 부분이 보였더라도, 꼭 칭찬하고 격려해 주세요. 함께 연습하고 고쳐야 할 점은 격려 이후에 나

뭐도 늦지 않습니다. 부모님이 오시는 날은 모든 아이가 조금이라도 신경을 씁니다. 노력한 부분에 대해 격려받은 아이들이 또 학교생활을 할 힘을 얻을 수 있습니다. 아이들은 칭찬과 격려의 말에 힘입어 자라납니다.

7

교실 밖 배움의 가치,
교외 체험학습

"요즘에는 엄마들이 아이가 어디 가자고 하는 말을 무서워한다고 하더라고요. 주변 친구들도 다 다녀왔다면서 '일본 가고 싶다', '미국 가고 싶다'는 말을 듣다 보면 '우리 애만 못 가봤나?' 하는 생각이 든다고 하던데요. 요새는 개근 거지라는 말이 있을 정도라고 하니까…. 근데 그 비용을 어떻게 다 감당해요."

"그러게요. 요즘은 여행 가려고 교외 체험학습도 많이 쓰죠."

"근데 교외 체험학습은 사실 놀러 가는 거 아니에요? 왜 학습이라는 말을 쓰는 거예요?"

운동을 하러 갔다가 우연히 두 어머니의 이야기를 듣게 되었습니다. 실제로 많은 가정이 교외 체험학습이라는 제도를 사용합니다. 그런데 이 대화를 듣고 나니, 많은 분이 왜 교외 체험학습을 '학습'으로 보는지, 그 목적은 무엇인지 알지 못한 채 사용하고 있을 수 있겠다는 생각이 들었습니다.

> "어릴 때는 뇌 신경계가 '감각 밥'을 많이 먹어야 합니다. 보고, 듣고, 만지고, 운동하고 하면서 몸에 여러 가지 감각들이 들어옵니다. 그리고 그 감각들로 뇌가 감각 지도를 형성해요. 예를 들어 두 손은 똑같지만, 많이 쓰는 손을 뇌는 더 크게 인식하죠."

〈유 퀴즈 온 더 블럭〉 프로그램에 나오신 소아정신과 전문의 손성은 선생님의 말씀입니다. 제가 6학년 아이들을 맡을 때, 부장 선생님께서는 아이들을 데리고 마을의 공원이나 학교 운동장에 자주 나가시곤 했습니다. 아이들과 함께 밖으로 나가 자연 속에서 색을 찾아보거나, 운동장 벤치에 앉아서 리코더를 연습하기도 하셨지요. 하루는 소소한 외출의 이유가 궁금해 여쭈었습니다.

"부장님, 아이들 데리고 매번 나가시려면 힘들지 않으세요? 교실에서도 할 수 있는 활동들인데 계속해서 밖으로 나가시는 이유가 있으세요?"

그때 선생님의 말씀이 아직도 기억에 남습니다.

"아이들은 가만히 하늘을 바라보면서도 배워요. 교실 밖을 나가면 그 모든 게 다 배울 것들이에요."

아이들은 감각을 통해 배웁니다. 교과서 속 지문을 읽고, 글을 쓰고, 수학 문제를 풀면서도 배우지만 하늘 속 구름을 바라보고, 시장을 돌아보고, 동물을 관찰하며 배우기도 합니다. 그런데 학교와 교실에서 할 수 있는 활동은 제한적일 수밖에 없습니다. 아무리 현장 체험학습이 존재해도 말이지요. '학교'이어서가 아니라, 한 장소에서 할 수 있는 경험이 한정적이기 때문입니다. 그래서 가정에서 함께하는 교외 체험학습이 의미가 있습니다. 부모님과 함께 다양한 공간, 시간, 관계를 경험해 보며 학교에서 배울 수 없었던 것들을 배울 수 있어서지요.

국내 여행을 통해서는 우리나라의 산과 바다 등 다양한 지형을 눈으로 볼 수 있습니다. 방문한 지역의 특산물을 혀로 느낄 수도 있습니다. 한옥에서 잠을 자보며 우리나라의 전통 가옥 구조를 엿볼 수도 있지요.

해외로 여행을 가서 새로운 언어를 활용해 외국인과 대화해 볼 수도 있습니다. 그 나라만의 음식, 축제, 가옥 문화를 직접 경험할 수 있지요. 비행기를 타면서 지켜야 할 예절을 몸으로 익히고, 이륙할 때 귀가 먹먹해지는 경험을 하며 그 까닭을 궁금해할 수도 있습니다.

할머니 칠순 잔치 모임을 통해서는 가족 관계를 익힐 수 있습니다. 어른들을 만났을 때 예의있게 행동하는 방법을 실천해볼 수 있지요.

야구 경기를 보러 가서는 체육 시간에 배운 야구 규칙을 활용해 실제 진행되는 경기를 해석해 볼 수 있습니다. 사람들 곁에서 함께 응원하며 협동과 스포츠맨십을 배울 수 있지요. 오고 가는 길에 대중교통을 이용했다면 공공장소에서 목소리를 조절하는 법과 다른 사람을 배려하는 방법을 연습할 수 있습니다.

동물원이나 식물원을 갔다면 사진 속 생물이 아니라 살아 있는 동물과 식물의 모습을 실제로 관찰할 수 있습니다.

놀이동산을 갔다면 놀이기구가 움직이는 모습을 보고 과학적 원리를 궁금해할 수 있지요.

그래서 교외 체험학습을 '학습'이라고 합니다. 학교라는 공간을 벗어나 다양한 공간에서 배우는 것, 그것이 교외 체험 학습의 의미입니다.

그렇다고 반드시 학기 중에 교외 체험학습을 사용해서 아이들의 감각 지도를 넓혀야 하는 것은 아닙니다. 처음에 미디어를 통해 '개근 거지'라는 말을 듣게 되었을 때는 정말 놀랐습니다. 개근 거지란 학교를 빠지지 않고 개근하는 학생이 교외 체험학습으로 여행을 가지 못하는 형편이 어려운 아이로 여겨진다는 말입니다. 제가 학생일 때까지만 해도 개근이 가지는 상징적인 의미는 컸습니다. 아플 때도, 학교에 가기 싫을 때도, 상황과 여건이 모두 딱 떨어지지 않을 때도 최선을 다해 등교하는 성실함과 책임감을 나타내는 말이었지요. 그런데 그 성실함과 책임감마저 물질주의적인 사고방식으로 해석하게 되었다니 마음이 아픕니다. 그렇게 생각하지 않았으면 좋겠습니다. 학기 중에 반드시 교외 체험학습을 사용해야 하는 것은 아닙니다. 또 반드시 해외여행을 가야 하는 것도 아닙니다. 아이들은 사소한 일상의 순간에서도 배울 수 있습니다. 주말과 방학을 사용해서, 방과 후 시간을 활용해서도 충분히 다양한 경험을 할 수 있지요. 부모님과 함께 벼가 익은 시골길을 산책하면서도 배우는 존재가 우리 아이들이니까요. 아이들의 능력을 믿어 보세요.

세상은 문제집 앞에서만, 휴대전화 영상 속에서만 경험할 수는 없습니다. 감각 지도가 형성되는 초등 시기에 아이들이 다양한 경험을 쌓고, 자신이 어느 때 즐거운지, 무엇을 좋아하는지 알게 되는 시간을 넉넉히 누릴 수 있었으면 합니다. 그 배경지식이 후에 공부라는 마라톤을 완주할 힘이 될 것이라 믿습니다.

5부

흔들려도
괜찮아요

흔들리지 않고 자라는 아이는 없다

3월 첫날, 부모님께 편지로 처음 인사를 드릴 때면 어떤 글을 적을지 고민이 됩니다. 고민 끝에 학년의 특성에 따라 바뀌는 내용도 있지만 꼭 빠지지 않고 적는 내용이 있습니다.

학교와 교실은 '안전하게' 실패하고 '안전하게' 갈등을 해결해 나갈 수 있는 공간입니다. 사랑하는 아이들이 갈등을 마주하지 않을 수 있다면 얼마나 좋을까요. 그러나 갈등 없이 살아갈 수 있는 사람은 아무도 없습니다. 그러니 갈등을 현명하게 다루어 가는 힘이 필요합니다. 우리 반에서 아이들은 한 해 동안 수많은 갈등을 만날 것입니다. 모두 다른 아이들이 함께 모였으니 당연한 일입니다. 그러나 그 갈등을 통해 안전하게 실패하고 다시 극복하는 방법을, 그리고 그 모든 과정에서도 자신을 사랑하고 나를 잃지 않는 방법을 배울 것입니다.

갈등을 마주하지 않는 사람은 없습니다. 우리 아이들도 친구와의 갈등, 우울감이나 분노와 같은 자기 내면 안에서의 갈등 등 수많은 갈등을 겪고 있고 또 겪게 되겠지요. 〈학교 2013〉 드라마를 통해 널리 알려진 도종환 시인의 「흔들리며 피는 꽃」을 기억하시나요?

흔들리지 않고 피는 꽃이 어디 있으랴
이 세상 그 어떤 아름다운 꽃들도
다 흔들리며 피었나니
흔들리면서 줄기를 곧게 세웠나니
흔들리지 않고 가는 사랑이 어디 있으랴

젖지 않고 피는 꽃이 어디 있으랴
이 세상 그 어떤 빛나는 꽃들도
다 젖으며 젖으며 피었나니
바람과 비에 젖으며 꽃잎 따뜻하게 피웠나니
젖지 않고 가는 삶이 어디 있으랴

- 「흔들리며 피는 꽃」, 도종환

흔들리지 않고 자라나는 아이는 없습니다. 그러나 부모님으로서 흔들리는 아이를 바라볼 때 어떻게 도와주어야 할지 고민이 되지요. 이 장에서는 힘들어하는 우리 아이를 부모님의 관점에서 어떻게 바라보고 도울 수 있을지 함께 고민하고 제안하고자 합니다.

예고 없이 찾아오는 소나기

추석 명절 때의 이야기입니다. 그해 연휴에는 시댁 식구들을 뵈러 간 전주에서 2박 3일을 묵고, 안산에서 친정 식구들을 만나기로 했습니다. 장거리 운전이 어려우신 시부모님과 함께 움직이기 위해 부모님 댁에 차를 주차하고 부모님의 차로 움직였습니다. 전주에서 시간을 보낸 후 부모님께서는 제주도로 이동하시고, 남편과 안산을 들렀다가 차를 가지러 부모님 댁으로 향했지요. 그런데 갑자기 한 치 앞이 보이지 않을 정도로 비가 퍼붓기 시작했습니다. 차선은 잘 지켜 가고 있는지, 혹시 보지 못한 주변 차는 없는지 잔뜩 경계하며 바로 앞만 비추는 차의 불빛에 의존해서 겨우 주차장까지 도착했습니다.

가까운 곳에 부모님의 차를 주차했는데 마침 바로 옆자리가 비어 있었습니다. 짐을 쉽게 옮길 수 있겠다는 기대와 함께 우리 차를 옆으로 가져오기 위해 시동을 걸었습니다. 아뿔싸! 그런데 시동이 걸리지 않았습니다. 결국 보험사의 도움을 받아 문제였던 차 배터리를 교체해야 했습니다. 피곤하지만 감사한 마음으로 집으로 돌아오는 길이었지요. 그런데 이번에는 부모님의 차 문을 잘 잠갔는지 기억이 나지 않는 게 아니겠어요? 결국 다시 돌아가 차 문을 확인하고 집으로 돌아와야 했습니다. 짧은 시간 내에 예상치 못한 일을 수두룩하게 만난 쉽지 않은 날이었습니다. 비가 엄청나게 쏟아질지도, 차의 배터리가 고장이 날 줄도, 차 문을 제대로 확인하지 않아 다시 돌아가게 될 줄도 예상치 못했습니다.

예고 없이 쏟아지는 소나기처럼 아이들과 살아갈 때도 예상치 못한 일들이 벌어질 때가 있습니다. 한 번은 아침 등교 시간에 재현이 어머니께서 오늘은 아이가 등교하기 어렵다며 상담을 신청하셨습니다. 무슨 일이 있는지 걱정이 되어 전화를 드렸지요. 재현이가 울면서 등교하지 않겠다고 하는데 구체적인 이유는 말해 주지 않아 걱정되시는 마음에 제게 연락하신 상황이었습니다. 무슨 일일지 천천히 전날의 재현이를 돌아보았습니다. 퍼뜩 전날 재현이와 친구들 사이의 갈등이 떠올랐습니다. 재현이가 선아와 놀고 있었는데 도현이가 선아 앞에서 엉덩이로 이름을 쓰며 장난쳤습니다. 이것을 본 재현이가 "개XX!"라며 도현이에게 욕했지요. 그런데 선아가 욕하면 안된다며 제게 재현이의 말을 제보했습니다. 재현이의 입장에서는 선아를 위해 한 행동이었는데 선아가 오히려 선생님께 제보한다고 하니 큰 배신감을 느꼈던 것이었습니다. 교실 안에서는 교육적으로 이야기를 마친 상황이어서 어머님께 이런 상황이 있었다는 것을 알리고 내일 아이를 다독여 학교에 보내달라고 말씀드렸습니다.

그날 걱정하시는 어머니와 오랜 시간 통화하며 아이의 학교생활에 관해 이야기를 나눴습니다. 갑작스럽게 학교를 가지 않겠다고 우는 아이를 바라보며 얼마나 걱정이 되셨을까요. 이제까지는 학교에 잘 다니던 아이가 예상치 못하게 학교에 가기 싫다고 했을 때의 그 당혹감과 걱정, 그리고 이어진 부모로서의 불안감…. 우리는 아이의 일상에 매일 웃음과 기쁨만 가득하기를 바랍니다. 그러나 그것이 불가능하다는 것도 알고 있지요. 자라나는 아이들 옆에서 우리는 친구와의 갈등으로 낙담하는 아이를 보게 될 수도, 공부로 인한 갈등을 마주할 수도, 우리 아이는 절대 그럴 리 없다며 여겼던 상황들을 마주할 수도 있습니다.

예상치 못한 일들을 마주했을 때 불안과 걱정은 한편으로 미뤄두고 아이들이 성장하는 기회로 받아들이면 좋겠습니다. 저도 담임교사로서 예상치 못한 일들을 마주한 아이들을 도울 때가 있습니다. 때로는 직접 가서 착착 해결하고 다 도와주고 싶은 마음도 들지만, 그 상황을 직접 해결해 보는 것이 그 아이들에게는 배움의 순간임을 알기에 기다립니다. (물론 폭력의 상황은 예외이지요) 아이들은 힘이 있습니다. 기다리면 분명히 아이들만의 대응 방법을 찾습니다. 스스로 마음을 가다듬거나 해결 방법을 실천하며 배우지요. 혼자 해결하기 힘든 일이라면 어른에게 도움을 요청하는 법을 배웁니다. 아이들을 믿으며 안전한 울타리를 만들어 두는 것이 우리 어른들의 역할입니다.

§ 2 §

지켜보는 용기,
간섭하지 않는 사랑

"선생님 사실은요, 1학기에 현아가 같은 반 여자아이들과 관계가 어려웠어요. 선생님께서 보실 때에는 괜찮았는데, 선생님이 계시지 않을 때면 말을 무시하거나 발을 거는 척하기도 했다고 이야기하더라고요."

"어머…. 현아의 마음이 지금은 괜찮나요?"

"네. 한때는 울기도 했지만 성빈이와 찬희가 챙겨주어서 남자아이들과 시간을 많이 보내고 있어요. 지금은 즐겁게 학교생활하고 있는데 담임선생님께는 말씀드려야 할 것 같아서요."

"말씀해 주셔서 감사해요. 듣는 저도 이렇게 속상한데, 어머니께서는 얼마나 속상하셨겠어요."

"괜찮아요. 여자아이들은 크든 작든 한 번쯤 이 과정을 겪는 것 같아요. 어쩔 수가 없더라고요. 저도 어렸을 때 경험했던 일이고요. 이렇게 경험하며 성장하겠죠."

6학년 2학기 정기 상담을 하던 때였습니다. 아이의 학교생활과 학업에 관해 이야기를 나누고 상담이 마무리될 때쯤 어머니께서 조심스럽게 이야기를 꺼내셨습니다. 어머니의 입에서 나온 말들이 전혀 상상도 못 한 일이라 당황스럽기도 했지만, 무엇보다 아이가 괜찮을지 걱정이 되었습니다. 현아는 학급에서 '뭐든 믿고 맡길 수 있는 아이'였습니다. 수업 시간에 자신이 해야 할 과제를 꼼꼼히 해결하고, 의견을 나누어야 하는 상황에는 똑 부러지게 발표했지요. 친구들 사이에서도 해야 할 말은 하는 아이, 그림 그리는 것을 좋아해서 캐릭터를 잘 그리던 아이였습니다. 웃음도 많았습니다. 그런데 어머니의 말씀을 들으니, 현아가 교실에서 짓던 웃음이 얼마나 대견하게 느껴졌는지 모릅니다.

상담이 끝난 이후에도 현아 어머니의 말씀이 오랫동안 마음에 박혔습니다. 그 말씀은 무관심도, 방치도 아니었습니다. 아이의 성장통을 지켜보며 묵묵히 응원해 줄 수 있는 용기였습니다. 현아는 이 시간을 통해 '친구 관계는 어려울 때도 있다. 그러나 매번 모든 친구가 나에게 등을 돌리고 있지 않다.'는 것을 배웠습니다. 그리고 어려운 상황 가운데서도 마음을 단단히 하고 다른 친구들과 어울려 노는 법을 배웠지요. 이 시간은 분명히 어렵고 힘들었겠지만 앞으로 현아가 관계 속에서 어려움을 겪을 때 큰 힘이 될 것입니다.

4학년 민현이와 지형이는 비슷한 점이 많았습니다. 특히 행동이 커서 주변 친구와 부딪히는 일이 잦았지요. 어느 날은 쉬는 시간이 끝날 때쯤 놀잇감을 정리하려고 두 아이가 몸을 바삐 움직였습니다. 지형이가 공깃돌을 정리함에 넣고 돌아서며 팔을 휘둘렀는데 그 팔이 민현이의 얼굴을 스쳐 콧대 주변에 작은 상처가 났습니다. 나중에 아이의 상처를 보고 무슨 일인지 물으니, 민현이가 자초지종을 설명해 주었지요. 민현이는 지형이가 모르고 지나친 것 같다면서 사과받을 필요 없다고 넘겼습니다. 나중에 지형이에게는 다른 친구의 몸에 부딪히지 않도록 따로 말해 줘야겠다고 생각하며 민현이를 집으로 보냈지요. 그리고 그날 민현이의 어머니께 전화가 왔습니다. 아이가 다쳤는데 선생님이 아이에게 사과를 받게 해 주셨어야 하는 게 아니었는지 물으셨습니다. 그리고 다쳤으니 내일 상대 아이에게 사과를 받으면 좋겠다고 말씀하셨습니다. 속상한 마음을 들어드리고 아이들과 대화해 볼 것을 약속하며 전화 통화를 마쳤습니다. 그런데 정작 다음날 민현이에게 다시 물으니 지형이에게 사과받지 않고 싶고, 정말 대화가 필요하지 않다고 이야기하는 게 아니겠어요? 정말 억울하고 속상했다면 사과받겠다고 할 아이가 아무 상관도 없다는 듯이 평온하게 말하는 것을 보고 수긍할 수밖에 없었습니다.

자녀가 몸이나 마음이 다치면 부모님의 마음이 걱정과 속상함으로 가득해지는 것은 당연합니다. 담임교사로서도 속상한데 부모님은 얼마나 속상하실지 모두 가늠할 수는 없지요. 그런데 아이가 스스로 다룰 수 있는 문제 상황이라면, 부모님의 지켜보는 용기와 간섭하지 않는 사랑이 필요합니다. 이 아이가 어떻게 대처하는지, 그리고 대처하며 무엇을 배우는지 뒤에서 지켜볼 수 있는 마음이 필요하지요. 아이들을 품에서 내놓고 싶지 않지만, 양육의 목표는 떠나보내는 것입니다. 결국 아이들은 부모의 품을 떠나 자신만의 삶을 영위합니다. 정말 부모와 교사의 도움이 필요한 상황이 아니라면 아이들이 스스로 극복해 갈 수 있도록 도와줘야 합니다. 그럴 때 아이들에게는 힘이 생깁니다.

저는 장녀입니다. 흔히 말하는 장녀의 특징을 나열하면 제 모습이 되지요. 힘들거나 슬픈 일이 있어도 부모님 앞에서는 잘 표현하지 않게 되곤 합니다. 그런데 그런 제가 엄마 앞에서 펑펑 울었던 순간이 있습니다. 초등학교 5학년 때, 긴 머리를 귀 뒤로 넘기는 습관이 있었습니다. 그 모습이 공주병 같다고 생각했는지 두 여자아이가 예쁜 척한다며 제 뒷담화를 했지요. 그리고 그 이야기를 들은 한 친구가 제게 그 사실을 전해 주었습니다. 사춘기의 초입, 소심하고 남의 생각이 중요하던 제게 그 사실은 꽤 큰 충격이었습니다. 그렇게 집에 돌아와서는 소파에 앉아 엄마 앞에서 펑펑 울었습니다. 내가 그 친구들에게 피해를 준 것이 있냐고, 그냥 머리를 넘긴 건데 왜 그러냐고 말입니다. 지금 생각하면 '아이들이 실수했네.' 하고 웃어넘길 수 있는 일이 그 당시에는 큰 상처였나 봅니다.

그때 엄마께서 해 주셨던 것은 학교에 찾아가는 것도, 그

자리에서 담임선생님께 전화한 것도, 욕을 해 주셨던 것도 아니었습니다. 그저 옆에 앉아서 우는 딸에게 휴지를 건네주었을 뿐이었습니다. 그리고 그 조용하고 따뜻한 위로는 다시 제가 친구들과의 자리로 나아가는 힘이 되었습니다. 다음날 어떻게 학교를 갔는지 친구와 관계를 풀었는지는 기억이 나지 않습니다. 그저 등교했고, 힘들기도 했지만 상처를 극복해 내는 법을 몸으로 익혔지요. 무엇보다 뒷담화는 다른 사람의 마음을 정말 아프게 할 수 있다는 것을 배웠습니다. 엄마의 그 위로는 지금도 짧은 동영상처럼 머릿속에 남아 있습니다.

　학교에서도 친구 관계로 힘들어하는 아이들을 많이 만납니다. 시험은 망치면 잠시 잠깐 울상이던 아이들이 친구 관계에 어려움이 생기면 표정에서 무겁게 내려앉은 어두움이 느껴집니다. 작고 큰 문제들로 친구와의 관계에서 어려움이 생기면 담임교사로서 어떻게 도와줄 수 있을지 고민이 됩니다. 다 같이 불러서 상담을 해 볼까 싶다가, 한 명씩 만나볼까 싶다가, 오히려 끼어들면서 아이들의 관계를 망치지 않을지 걱정되는 마음들이 불쑥불쑥 튀어나오기도 하지요. 그 순

간마다 저는 제가 받았던 엄마의 위로를 떠올립니다. 무엇인
가 나서서 해 주지 않아도, 옆에서 마음으로 건넸던 따뜻한
위로 말입니다. 제가 그랬듯 아이들도 그 위로와 지지를 버
팀목 삼아 자신의 힘으로 어려움들을 극복할 수 있음을 믿습
니다. 그래서 저는 친구 관계에서 어려움을 겪는 아이를 불
러 꼭 이야기합니다.

"선생님은 네 편이야. 힘든 일 있으면 언제든지 이야기해
줘. 선생님은 네 이야기를 듣고 돕기 위해 여기 있단다. 모든
일을 다 해결해 주진 못해도 듣고 같이 고민할게. 그리고 절
대 네가 소중하고 사랑스러운 존재임을 의심하지 말렴."

아이들은 힘이 있습니다. 스스로 어려움을 딛고 일어날
힘 말입니다. 잠시 넘어져 있는 것처럼 보여도 누군가가 나
를 믿어 주고 사랑하고 있다는 사실을 안다면, 곧 힘 있게 일
어날 것입니다. 그러니 따뜻하고 조용한 위로로 아이의 곁에
있어 주세요.

§ 3 §

부모님도 마음의 피난처가 필요해요

오늘날 우리에게 스트레스는 떼려야 뗄 수 없는 존재입니다. 많은 이들은 스트레스 조절의 중요성을 언급하고 또 공감합니다. 그런데 정작 스트레스를 잘 다루어 가며 사는 사람은 얼마나 될까요? 방학에 연수를 들을 때의 이야기입니다. 여러 선택 과목 중에 한 과목의 제목이 눈에 띄었습니다.

〈스트레스 OUT! 건강한 나 만들기〉

그 해는 유독 스트레스가 많은 해였습니다. 1학기를 마무리할 때쯤에는 아이들과 전쟁을 치르는 것 같았습니다. 매일 화가 나고 인내하기를 반복했습니다. 아이들이 사랑스럽게 보였던 순간들이 멀게 느껴지기도 했지요. 스스로가 이상하다 여겨졌지만, 그냥 화만 났으면 아마 스트레스 지수의 심

각성을 느끼지 못했을 것입니다. 스트레스는 제 몸에 계속해서 신호를 보냈습니다. 축농증이 반복해서 생기고, 피부에는 두드러기가 나고, 손목에는 염증이 생기고, 그나마 건강하던 위도 염증이 나서 식이조절도 해야 했지요. 한 주 동안 이비인후과, 피부과, 정형외과, 가정의학과에서 진료를 받으며 이건 아니다 싶었습니다. 스트레스 조절의 필요성을 피부로 느끼게 된 셈이지요. 이러한 상황에서 〈스트레스 OUT! 건강한 나 만들기〉라는 강의 제목이 얼마나 운명적으로 느껴졌는지 모릅니다. 이 책을 읽고 있는 여러분은 어떠신가요. 쉽게 짜증이나 화가 나거나 반복하여 몸에서 반응을 보이지는 않으신가요? 아이뿐만 아니라 어른인 우리에게도 스트레스를 관리할 수 있는 마음의 피난처가 필요합니다.

강의 도중 강사님께서 가슴 가운데 딱딱한 뼈 부분을 눌러보라고 말씀하셨습니다. 너무 아프다고 생각하며 꾹꾹 누르던 순간, 강사님께서 앞에 앉은 선생님에게 물으셨습니다.

"선생님 어떠세요? 통증 있으세요?"

"저는 아무 느낌 없어요."

순간 잘못 들은 줄 알았습니다. 그리고도 몇 분 더 "아무 느낌 없다.", "괜찮다." 등의 대답을 들은 후에야 강사님은 설명하셨습니다.

"여기가 화병 자리예요. 아무 느낌 없으신 분들은 스트레스와 화를 잘 관리하고 계신 것 같네요."

스트레스가 많다는 사실은 알았지만, 화병 자리를 눌렀을 때 아프다니! 드라마에서 보증을 잘못 선 가족 때문에 쓰러진 사모님에게나 나타나는 증상인 줄 알았는데 놀라웠습니다.

강의를 통해 스트레스에 관한 여러 가지를 알게 되었습니다. 그중 인상 깊었던 것은 '스몰 트라우마 관리를 위한 VAK 체크'였습니다. 한 번 천천히 같이 해 볼까요? 부록 자료에 열 가지 질문이 있습니다. 각각의 질문에는 A, B, C의 세 가지 선택지가 있지요. 나에게 가장 밀접하게 해당하는 선택지에 3점, 두 번째에는 2점, 가장 멀다고 생각하는 선택지에 1점을 표기합니다. 모두 표기한 후에는 하단의 점수표로 나에게 잘 맞는 스트레스 관리 방법을 알아볼 수 있습니다.

스몰 트라우마 관리를 위한 VAK 체크[5]

질문에 관해 나에게 가장 밀접하게 해당하는 것에 3점, 두 번째에 해당하는 것에 2점, 가장 멀다고 생각하는 것에 1점을 표시하세요.

1. 내가 중요한 결정을 할 때 나에게 가장 영향을 미치는 것은 다음과 같다.

( ) A. 전체적인 일의 모습과 조화

( ) B. 다른 사람들이 하는 말

( ) C. 직관적인 느낌

2. 다른 사람과 논쟁을 벌일 때 내가 가장 민감하게 반응하는 부분은 다음과 같다.

( ) A. 상대방이 논쟁하는 모습

( ) B. 상대방의 목소리 톤

( ) C. 상대방의 진실한 감정

[5] <스트레스 OUT! 건강한 나 만들기>, 기업교육솔루션 김은화

3. 나는 평소와 다른 심리 상태가 될 때 다음과 같은 것이 바뀌는 경향이 있다.

(　　) A. 옷차림새

(　　) B. 목소리 상태

(　　) C. 감정의 표현

4. 나는 다음과 같은 것을 하기가 가장 쉽다.

(　　) A. 색상이 잘 어울리는 디자인 고르기

(　　) B. 음질 좋은 오디오를 켜놓고 음악을 듣기

(　　) C. 가장 안락하게 느껴지는 가구를 고르기

5. 나를 가장 잘 나타내는 것은 다음과 같다.

(　　) A. 나는 실내의 가구 배치나 색상에 민감한 편이다.

(　　) B. 나는 주변의 소음에 민감하다.

(　　) C. 나는 옷의 촉감에 매우 민감한 편이다.

6. 사람들이 나를 가장 잘 알려면 다음과 같이 하는 것이 좋다.

(   ) A. 나의 관점과 함께하면서 보기

(   ) B. 내가 무슨 말을 하며 또 표현을 어떻게 하는지

주의 깊게 들어보기

(   ) C. 내가 느끼는 것을 경험하기

7. 나는 다음과 같이 하는 것을 좋아한다.

(   ) A. 계획을 세울 때 전체적인 모습을 먼저 그려보기

(   ) B. 다른 사람들이 말하는 것을 듣기

(   ) C. 사람을 처음 만날 때 그에 대한 느낌을 중시하기

8. 나로 말할 것 같으면

(   ) A. 나의 눈으로 보고 확인하기 전에는 잘 믿지 않는

경향이 있다.

(   ) B. 상대방이 애절한 목소리로 부탁을 해 오면 거절을

못 한다.

(   ) C. 내 느낌으로 옳다고 여겨지면 이유를 따지지 않고

믿고 받아들인다.

9. 나는 스트레스를 받으면

( ) A. 좋은 경치를 배경으로 하는 영화나 그림을 본다.

( ) B. 음악을 듣는다.

( ) C. 편안하게 누워서 휴식을 취한다.

10. 나는 처음 본 사람이라도 다음과 같은 식으로 그를 기억해 낼 수 있다.

( ) A. 얼굴 모습이나 옷차림새

( ) B. 목소리

( ) C. 그에 대한 느낌

	1번	2번	3번	4번	5번	6번	7번	8번	9번	10번	합계
A											
B											
C											

A의 합계 점수가 가장 높다면 시각형(Visual), B의 합계 점수가 가장 높다면 청각형(Auditory), C의 합계 점수가 가장 높다면 운동 감각형(Kinesthetic)으로 파악합니다. 그리고 자신의 유형에 가장 적절한 스트레스 해소법을 제안받을 수 있습니다. 저는 청각형(Auditory)의 결과가 나왔습니다. 강사님께서는 편안한 음악 듣기, 조용한 장소에서의 휴식, 1:1의 만남과 대화를 제안해 주셨지요. 그런데 생각해 보니 정말 그랬습니다. 저는 주말 아침에 따뜻한 피아노 음악을 틀어두고 책을 읽거나, 아무도 없는 자연을 바라보는 시간을 좋아했습니다. 강의 시간에 짝꿍이셨던 선생님은 운동 감각형(Kinesthetic)이었는데, 실제로 취미가 발레라고 하셨지요. 자연스럽게 나에게 적절한 스트레스 관리 방법을 찾아가고 있긴 하지만, 나의 성향을 알고 있다면 더 쉽고 빠르게 스트레스 관리를 할 수 있을 것 같다는 생각이 들었습니다. 물론 화병 자리이든, VAK 체크리스트 검사이든 나의 마음을 들여다보는 도구로만 사용해야 합니다. 나를 가장 잘 아는 사람도, 알 수 있는 사람도 바로 나이니까요.

아이들과 교실에 있으며 행복한 순간이 많지만, 마음이 어려운 상황에 놓일 때도 많습니다. 종잡을 수 없는 아이의 마음, 내 생각과는 다른 아이의 행동, 잘 가르쳐주고 싶은데 아이에게는 전달되지 않은 것 같은 답답함, 꾹 참다가 잔소리를 쏟아놓고는 후회하는 순간…. 아이들과의 시간은 매일, 매 순간 변화해서 무엇이 정답인지도, 내가 옳은 방향으로 가고 있는 것인지도 모르겠습니다. 마음을 돌보지 않고 그러한 순간들이 쌓이다 보면 무기력과 우울 그리고 분노의 감정에 휩싸이기도 합니다. 부모도 마찬가지입니다. 그래서 마음의 피난처가 필요합니다. 내 마음이 편해지는 활동도 좋고, 편해지는 공간에 그저 머무르는 것도 좋습니다. 언제든 찾아갈 수 있는 피난처를 마련해 두고 내 마음이 지치는 것 같을 때마다 두드려보시기를 바랍니다.

교사가 행복해야 아이들이 행복하다는 말이 있습니다. 행복한 사람 주변에 가면 나도 모르게 웃음이 지어지지요. 아이들도 마찬가지입니다. 행복한 어른 곁에서 아이들은 행복합니다. 저는 이 말을 조금 바꾸어 말씀드리고 싶습니다.

"부모가 행복해야 아이들도 행복하다."

때론 아이들에게 맞춰진 초점을 '나'에게 옮겨 쉼을 선물하면 좋겠습니다.

물론 저도 여전히 스트레스 관리가 어렵습니다. 그래도 제 마음을 살피기 위해 무엇을 해야 할지 고민하는 중입니다. 아이들과 저의 행복을 위해서 말입니다. 제가 실천하고 있는 활동은 아래와 같습니다.

1) 피아노 연주곡 들으며 글쓰기
2) 조용한 곳에서 내가 마음에 드는 책 읽기
3) 커피 한 잔의 여유를 가지며 노래 듣기
4) 찬양을 들으며 기도하기
5) 자연을 볼 수 있는 곳에 나들이 가기
6) 1년에 한두 번은 새로운 환경으로 여행 가기
7) 소중한 사람들을 만나 카페에서 수다 떨기
8) 잠들기 전에 남편과 소소하고 실없는 이야기를 하며 장난치기
9) 방 구조를 바꾸거나 깔끔하게 정리 정돈하기

여러분의 피난처는 무엇인가요? 그리고 어떤 곳에서 어떤 방법으로 스트레스를 다루고 계신가요?

부록

스몰 트라우마 관리를 위한 VAK 체크 결과

A 점수가 가장 높다면 추천하는 여가 활동: 시각형

자연경관(공원, 바다, 산)을 감상하기

정리정돈, 집 인테리어 꾸미기

예쁜 카페 가기

영화 보기, 드라마 몰아보기

미술관, 전시회장 가기

여행, 아이쇼핑

그림 그리기

B 점수가 가장 높다면 추천하는 여가 활동: 청각형

편안한 음악 듣기

팟캐스트나 오디오북 청취

조용한 공간에서 휴식

1:1의 소소한 만남과 대화

코인노래방 가서 노래 부르기

악기 연주하기

자연의 소리와 함께하는 소리 명상

C 점수가 가장 높다면 추천하는 여가 활동: 운동 감각형

중강도 운동(근력 운동, 러닝) 하기

마사지, 온천, 반신욕 하기

반려견과 산책하기

캠핑, 차박과 같은 활동적인 취미

등산, 자전거 타기

리드미컬한 움직임(춤추기)

움직임 명상(걷기 명상)

§ ‖ §

조개 속에서
진주가 되어 가는 아이들

"다정아, 책에서 인상 깊었던 장면을 공책에 적어서 오렴."

"그러면 쓴 것은 다 지워야겠네요."

"지우지 않고 공책의 빈 곳에 적어와도 괜찮아."

"아니, 다 지워야겠다고요."

"다정이가 지우고 싶다는 의미니?"

"아니요. 1교시 쓰려면 이미 쓴 내용은 다 지워야 하잖아요."

"선생님은 이미 쓴 내용은 지우지 않고 공책 빈 공간에 추가로 적어 오라는 의미였단다. 다정이가 만약 지우고 다시 쓰고 싶다면 그렇게 해도 돼."

우리 반에서는 수업 시간에 배운 내용을 공책에 기록합니다. 예를 들면 "국어 시간에 『만복이의 떡집』을 읽었다. 책 속에서 주인공이 떡을 먹으면 능력을 얻게 되는 것이 흥미로웠

다. 나는 키 크는 떡이 있었으면 좋겠다고 생각했다." 등으로
말입니다. 다정이는 자신이 예상하지 못한 상황이나 하고 싶
지 않은 일을 마주했을 때 감정을 다스리기 어려워했습니다.
최근에는 공책을 꼼꼼히 잘 써왔는데, 그날따라 "독서했다."
는 한 문장만 적어 왔기에 마음을 단단히 먹었습니다. 아니
나 다를까 다정이와 실랑이가 이어졌습니다. 결국 다정이는
자리로 돌아가서 배움 공책을 수정하면서 다른 손으로 책상
위에 올려진 독서 통장을 구겨서 던지기 시작했습니다. 주변
에 있던 서영이가 한 번, 우진이가 한 번 떨어진 독서 통장을
주워주었는데도 계속해서 던졌습니다. 아이가 마음을 가라
앉히고 자기 행동에 책임을 질 때까지 기다렸습니다. 인내의
시간이었지요. 시간이 조금 지나 다정이가 수정된 배움 공책
을 가지고 나왔습니다. 확인을 한 후에 아이와 대화를 나누
는데 갑작스러운 말이 들렸습니다.

"선생님, 저 사랑하지 마세요."

감정이 완전히 가라앉지 않은 아이와 대화할 수 없어서 조
금 있다가 이야기하자고 했습니다. 그리고 집에 갈 때가 되

어서야 차분히 대화를 시작할 수 있었습니다.

"다정아, 너를 사랑하지 말라는 말은 무슨 의미야? 지금도 그렇게 생각해?"

"네. 지금도 그렇게 생각해요."

"왜 그렇게 이야기했는지 물어봐도 돼?"

"결국은 제 이상한 모습만 보일 테니까요."

"선생님이 다정이의 모습을 보고 실망할까 봐?"

"네. 저는 시간이 지날수록 점점 이상한 모습만 보이잖아요. 맨날 실수만 하고. 화만 내고…."

"선생님이 사랑한다고 했다가, 나중에 결국 실망하면 다정이가 상처받을까 봐 그렇게 이야기 한 거야?"

"네…. 저는 괴물 같아요."

"그랬구나. 근데 선생님은 이미 다정이를 사랑한단다. 다정아, 다른 사람들이 달리기하는 것을 어려워하거나, 수학 문제 풀 때 어려워하는 것처럼 다정이가 어려워하는 것이 감정을 다스리는 것일 뿐이야. 네가 괴물이거나 이상한 게 아니야. 다른 사람들과 어려워하는 것이 다른 것뿐이지. 너는 진주 같은 아이야. 선생님이 너의 모습을 보고 실망하거나,

괴물 같다고 여길 일은 없으니 미리 걱정하지 않았으면 좋겠어. 네가 그렇게 말하면 선생님 마음도 아프구나."

대화하는데 마음이 콕콕 아팠습니다. 이 아이가 어떤 마음의 고통이 있을지 살짝만 엿보았는데도 마음이 미어졌습니다. 나를 사랑하지 말라는 건, 사실 사랑해달라는 표현이었습니다.

학생 31,811명[6]. 2021년 1월부터 2025년 6월까지 전국 17개 시도교육청이 집계한 자살을 시도하거나 자해를 한 학생 수입니다. 집계되지 않은 학생 수는 더욱 많겠지요. 같은 기간 스스로 목숨을 끊은 아이는 940명으로 파악되고 있습니다. 중학교나 고등학교의 이야기만이 아닙니다. 정서적으로 어려움을 겪는 초등학생 아이도 참 많습니다. 작년에는 퇴근 시간 이후에 마음이 모인 선생님들과 함께 아이들과 교육 현장을 두고 기도하곤 했습니다. 하루는 한 선생님께서 6학년 여자아이가 팔 안쪽을 자해한 사실을 알게 되었다며 기도를 부탁하셨습니다. 아이의 일기장에 써진 말을 들으며 눈물로

6   <하루 20명, 오늘도 한 반이 벼랑 끝에…학생 자살·자해 시도에 무관심한 어른들>, 김송이, 김원식 (2025. 10. 19.)

기도할 수밖에 없었습니다.

"아무도 나에게 수고했다는 말 한마디 해 주지 않지만, 내가 나에게 오늘 하루 수고했다고 말해 주고 싶다."

진주는 조개 체내에 들어온 이물질로 만들어진 보석입니다. 본래 그저 이물질이었던 것이 조개 안에 들어와 오랜 시간을 견디며 크고 아름다운 진주가 된 것입니다. 우리 주변에도 진주와 같은 아이들이 있습니다. 지금은 평범하게 보이더라도 더 오래 연단하는 시간을 거치며 크고 아름다워질 진주말이지요. 진주는 조개 안에서 만들어질 수 있습니다. 그리고 조개 안에만 머물러 있는 것이 아니라, 단단해져 밖으로 나왔을 때 보석으로 빛을 발합니다. 우리 아이들도 조개가 필요합니다. 든든한 보호막이자 아이를 품어줄 수 있는 어른, 아이가 자라나 빛을 발할 때 조개 밖으로 나갈 수 있도록 손 흔들어줄 수 있는 어른 말이지요. 우리가 아이들을 품어내고, 떠나보낼 수 있는 어른이 되어 줄 수 있으면 좋겠습니다.

§ 5 §

마음에도 건강검진이 필요할 때

뜨거웠던 여름이 지나고 찬바람이 불어오는 가을이 되어 갈 무렵이었습니다. 방학 내내 연수를 듣고 맞이한 2학기는 치열했습니다. 연수원에 오시던 강사님마다 "이렇게 연수 듣고 2학기 되면 꼭 아프시던데, 건강관리 잘하셔요." 하시던 말씀이 과언이 아니었습니다. 손목과 손가락의 염증 치료, 축농증에 이어 입술에 포진이 나서 병원으로 향했습니다. 다니던 피부과가 휴진이라 근처에 있는 병원에 가서 바르는 약을 받아왔지요. 그런데 열흘이 지나도 변화가 없어 피부과를 찾아갔습니다.

"선생님, 입술에 오돌토돌한 게 나서요. 이전에 다른 병원에서 주신 약을 바르고 있어요."

"입술 포진 맞네요. 조금만 더 일찍 오시지. 빨리 약을 먹으면 고생 안 하고 빨리 나았을 텐데요. 다음번에 입술에 비

숫하게 나면 얼른 와요."

그렇게 진료받고 나오는 길에 조금 더 빨리 올 걸 후회가 됐습니다. 증상이 나타나면 빨리 병원으로 가는 것이 약한 약으로 빠르게 회복되는 것을 도울 수 있는 방법임을 몸소 배운 시간이었습니다. 이는 몸 건강에만 국한된 것은 아닙니다. 마음 건강을 챙기는 것도 빠를수록 좋습니다.

교실에서 아이들을 만나다 보면 교육적인 측면을 넘어선 도움이 필요한 아이들을 마주할 때가 있습니다. 도희가 그랬습니다. 도희는 등과 엉덩이를 의자에 붙이고 앉기를 어려워했습니다. 등을 의자 엉덩이 부분까지 쭉 내려앉거나 엉덩이를 한쪽만 걸치고 앉았지요. 수업 시간에는 상황에 어울리지 않는 말이나 행동을 반복해서 친구들과 갈등이 자주 생겼습니다.

(사례 1)

"교과서 51쪽에 1번 문제 보이죠? 1번 문제를 풀어봅시다."
"어! 저요! 제가 1번(출석 번호)이에요!"

(사례 2)

모둠원과 함께 과학실험을 하고 있다.

"이제 실험 도구는 정리하겠습니다. 결과를 실험 관찰 1번에 기록해 봅시다."

도희가 실험 도구를 계속 손에 들었다가 놨다가 한다.

"도희야 선생님께서 실험 도구 내려두라고 하셨어. 네가 자꾸 실험 도구 만지니까 집중이 안 돼. 그만해 줘."

"알았어. 미안해."

30초 뒤에 똑같은 행동을 반복한다.

"도희야! 방금 안 하겠다고 했잖아. 근데 왜 자꾸 만지는 거야!"

(사례 3)

수학 문제를 푸는 도중에 도희가 모둠원들을 향해 바람을 후 불고 노래 부르기를 반복한다.

"도희야. 나한테 바람 불지 말아줘. 그리고 노래가 수학 문제 푸는데 방해돼. 그만해 줄 수 있어?"

"알겠어. 미안."

같은 행동이 반복된다.

"선생님! 도희가 불편하다고 표현했는데도 계속 반복해요!"

(사례 4)

"자, 수업 준비를 해봅시다. 수업 시간에 필요 없는 물건은 정리하고, 교과서와 필기구를 준비합니다."

다른 친구들이 모두 준비를 다 했을 때 도희가 자리에서 벌떡 일어나며 말한다.

"아! 교과서!"

사물함으로 뛰어가서 교과서를 꺼내고 '쾅' 소리와 함께 사물함을 닫는다.

교실에서 도희와 여러 차례 이야기도 나누어 보고, 매일 아이와 하교 전 하루를 돌아보며 행동을 점검해 보기도 했습니다. 학부모님과 소통하며 도희에게 필요한 교육적인 지원도 해 보았지요. 그런데 교실 안에서 애쓰는 아이의 모습과는 별개로 행동 변화가 나타나지 않았습니다. 결국 부모님과 의학적인 관점에서의 전문가 의견을 들어보면 좋겠다고 이야기를 나누었습니다.

모든 사람은 자신이 쉽게 할 수 있는 것과 어려워하는 것을 가지고 있습니다. 어떤 사람은 발표는 쉽게 하지만, 달리기하는 것을 어려워합니다. 어떤 사람은 달리기는 쉽게 하지만, 그림 그리는 것에는 자신이 없어 합니다. 또 어떤 사람은 그림을 쉽게 그리지만, 발표하는 것을 정말 어려워하지요. 정도의 차이는 있겠지만 사람들은 모두 쉽게 할 수 있는 일도, 어려워하는 일도 있습니다. 아이들도 마찬가지입니다. 도희가 어려워하는 영역이 단지 담임교사인 제게 관찰되었고, 도움을 줄 수 있는 방법이 의학적인 방법이었을 뿐입니다.

의학적인 관점에서 도움을 받자, 즉 정신의학과 진료를 받아 보면 좋겠다는 말을 듣는 부모님의 마음이 얼마나 충격일지 다 가늠할 수는 없겠지요.

"우리 아이가 그렇게 심한가요?"라고 말씀하시며 펑펑 우시는 분도 있고, 반대로 마음의 불안을 화로 표현하시는 분도 계십니다. 많은 부모님께서 '내가 우리 아이를 이상하고 부족한 아이로 생각해서, 내가 좋지 않은 부모라 병원에 가는 건 아닌가?'라는 죄책감과, '정말 이 아이에게 어려움이 있어 약물을 복용해야 하면 어떡하나.' 하는 두려움을 안고 계십니다. 전자의 생각을 품고 계시는 보호자가 계신다면 단언컨대 '절대' 아닙니다. 그냥 우리 아이가 겪는 어려움 중 하나를 돕기 위한 방법일 뿐입니다. 오히려 아이를 도와주기 위해 병원 진료까지 생각하게 된 것이니 얼마나 큰 사랑일까요. 후자의 생각을 가지고 계시면 조금 마음을 편히 내려두시라고 말씀드리고 싶습니다.

우리는 1년에 한 번, 혹은 2년에 한 번 건강검진을 받습니다. 피검사도 하고, 혈압도 재고, 신체검사도 하고, 때때로 내시경도 하지요. 아무 이상이 없다는 결과를 받는다면 앞으로도 지금 하듯이 건강관리를 잘하면 되고, 치료가 필요한 부분이 있다면 빨리 발견했으니 적절한 치료를 받으면 됩니다. 정신의학과 진료도 건강검진과 같습니다. 마음의 건강을 확인하는 것이지요. 의학적인 관점에서 도움을 줄 것이 없다면, 교육적 관점에서 어떻게 이 아이를 도울 것인지에만 초점을 둘 수 있습니다. 만약 의학적인 관점에서 도움이 필요하다면 하루빨리 적절한 방법으로 도와주면 됩니다. 몸에 병이 나서 약을 먹거나 치료할 때도 빠르면 빠를수록 좋듯이, 필요한 의학적 도움이 있다면 빠르게 도와줄수록 좋습니다.

4학년 때 만난 민수는 불편한 마음을 신체적으로 표현하는 아이였습니다. 놀이를 하다가 친구들이 자기 의견을 잘 들어주지 않는다고 느끼면 놀잇감을 집어 던지고 교실 밖으로 나갔습니다. 줄을 서 있다가 뒷걸음치던 친구에게 발을 밟히면 그대로 발을 잡고 1시간을 누워있었지요. 신체활동을 하다가 친구가 실수로 민수와 부딪치면 똑같이 그 친구를 어깨로 치거나 책상을 엎는 등의 행동이 나타나 빠른 도움이 필요했습니다. 마음을 다스리고 민수와 대화해 보면, 눈물이 그렁그렁하게 맺혀 자신이 실수를 인정하고 말로 표현할 것이라고 다짐했습니다. 그러나 교육적인 방법으로는 아이의 행동 변화에 한계가 있었습니다. 결국 2학기에 부모님과 소통하며 정신의학과 전문의를 만나 전문적인 소견을 듣기로 했습니다. 진료 결과 민수는 충동성과 불안이 높아 의학적인 도움이 필요한 상황이었고, 이를 돕는 약을 먹기 시작했습니다. 약을 먹기 시작하면 아이에게 가장 적절한 약을 조절해 가는 과정이 필요합니다. 이때 관찰자가 있다면 큰 도움을 받을 수 있지요. 그리고 약기운이 유효한 시간대에 관찰할 수 있는 객관적인 관찰자는 담임교사인 경우가 많습니다. 민수 어머님께서 민수가 약을 먹기 시작했다고 말씀해 주신 때부터

약 일주일 동안 집중적으로 민수의 행동 변화를 관찰하기 시작했습니다. 일주일은 놀라움의 연속이었습니다. 아이가 이제는 '걸어' 다니기 시작했습니다. 그동안 민수는 교실과 복도에서 빠르든지 느리든지 '뛰어' 다녔습니다. 책상 사이를 두 손으로 짚고 공중 부양하며 다닐 때도 많았지요. 그 과정에서 친구와 부딪치고 갈등으로 이어지는 경우가 다반사였습니다. 그런데 약을 먹으니, 아이가 자연스럽게 걷는 모습이 나타났습니다. 아이의 표정도 한결 편안해졌습니다. 신체 표현이 열 번 중 아홉 번이었던 아이가, 열 번 중 절반 정도로 줄었습니다. 매일 학급에서 크고 작은 갈등으로 어려움을 겪었던 아이가 1~2주에 한 번 정도로 갈등의 빈도도 줄었습니다. 그러니 자연스럽게 어울리는 친구들도 늘고, 친구들과 함께 노는 시간도 늘었지요.

민수가 조금은 더 편안해진 학교생활을 할 수 있음에 감사했지만, 한 편으로는 후회가 되기도 했습니다. '1학기에 더 빨리 의학적인 도움을 받았다면 아이의 학교생활이 조금 더 행복했을 텐데.' 하는 마음이 들었지요. 아이의 단점을 보아서가 아니었습니다. 아이를 너무도 사랑해서였습니다. 아이를 관찰할 때면 메모장을 들고 이 아이의 옆에 찰싹 붙어서 있을 수 있다면 얼마나 좋을까 생각하기도 합니다. 그러나 수업하고 다른 아이들을 지도하면서, 한 아이의 말과 행동을 지속적으로 관찰하기는 쉽지는 않습니다. 단순히 '관찰하는 것이 어렵다.'를 이야기하려고 하는 것은 아닙니다. 교사의 관찰은 '아이에 대한 관심과 사랑'입니다. 상황 속에서 어떤 말과 행동을 하는지, 이런 방법으로 아이와 약속했을 때는 어떤 반응을 보이는지, 행동의 변화가 있는지 끊임없이 관찰하는 것은 사랑 없이 불가능합니다. 혹시 담임교사가 아이의 행동을 관찰하고 먼저 연락한다면, 우리 아이에게 많은 사랑과 관심이 있다고 생각해도 좋습니다. 적극적인 소통으로 아이를 도와줄 기회이지요. 마지막으로, 이 글을 읽으며 여전히 정신의학과 진료를 고민하고 계신 부모님이 계신다면 꼭 이 말씀을 드리고 싶습니다.

"그동안 얼마나 고민이 많으셨어요. 아이에게 더 못 해 준 것이 있나 자책하지는 마세요. 이미 아이에게 넘치는 사랑을 주고 계시잖아요. 건강검진을 가듯이, 아이의 마음 건강을 살펴보고 온다고 생각하세요. 아이는 지금껏 그래왔듯이 부모님의 이런 도움을 통해 한 발짝 성장할 것이니 걱정하지 마세요."

마치는 글

제 꿈은 오래도록 선생님이었습니다. 초등학생 시절 막연히 좋은 교사가 되기를 꿈꾸었습니다. 그 꿈은 혼란스러운 중학교 시절을 거쳐, 고등학교 그리고 교육대학교에 입학해 임용고사를 치를 때까지 이어졌습니다. 모든 청년이 그렇듯 저 또한 숟가락으로 밭을 가는 것처럼 '이게 가능할까?' 하는 심정으로 임용고사를 준비했습니다. 매일 밤 침대에 누워 '오늘은 왜 이렇게 공부를 못했을까. 이렇게 해도 괜찮을까?'라는 생각들로 작아진 나를 만났습니다. 그리고 그 작은 나를 사랑하시는 하나님의 마음을 누리며 다시 일어나 뚜벅뚜벅 걸었습니다. 그리고 이제는 아이들 앞에 '교사'로 서 있습니다. 놀랍게도 말입니다.

때때로 교사라는 꿈을 꾸었던 것이 무색할 만큼 교직에 서 있는 것이 버거울 때가 많았습니다. 각자의 자리에서 노력하는 모든 이들이 힘든 것을 알면서, 잠시 내려놓고 쉬고 싶었을 때도 있었습니다. 교실에 들어가는 것이 두렵고, 내가 할수 있는 것이 없는 상황이 무기력하게 느껴졌습니다. 갖은 애를 써도 변하지 않는 아이들을 바라보며 한없이 작아졌고, 밤에는 내일 또다시 마주할 하루가 두려워 차라리 아파서 출근하지 못했으면 하기도 했습니다. 무엇보다도 그렇게나 꿈꾸며 기대하던 아이들과의 만남이 이제는 피하고 싶은 두려운 상황이 되어 버렸다는 것이 씁쓸했습니다.

이런 제가 여전히 아이들과 만날 수 있도록 버티게 해 준힘은 아주 사소한 순간들로부터 생겨났습니다. 선생님과 함께하는 수업 덕분에 학교가 즐거워졌다는 아이들, 아이가 바르게 배울 수 있도록 지도해 주셔서 감사하다고 말씀해 주시는 학부모님들, 제 탓이 아니라며 가능한 모든 방법으로 지원해 주신 동료 선생님들, 힘들면 쉬어도 된다며 무조건적인 사랑과 지지로 응원해 주는 가족들….

조금만 더 힘들면 정말 쉬어 가야지 생각하며 한해, 한해가

지났습니다. 지나고 나니 힘들었던 시간들이 큰 자산이 되었습니다. 특별히 연단의 시간을 지나오며 '한 아이를 키우려면 온 마을이 필요하다.'는 말의 뜻을 알게 되었지요. 글을 쓰며 지금껏 만나왔던 아이들과, 함께했던 부모님의 얼굴이 스쳐 갑니다. 얼어붙은 것만 같은 교사와 학부모라는 관계가 상호 존중과 인정이라는 햇살로 녹아내릴 수 있기를, 교사로서 전하는 이야기가 학교 교육과 가정 교육을 잇는 마중물이 될 수 있기를 바랍니다. 그리고 만나왔던, 또 앞으로 만나게 될 모든 학부모님께 마음을 다해 감사 인사를 전합니다.

1년이라는 길고도 짧은 시간, 한 팀이 되어 아이의 성장 과정을 함께 할 수 있어 기쁩니다. 감사했고 또 감사합니다.